Anna-Leena Bahrmann / Elke Stenzel

„Den Nazis eine schallende Ohrfeige versetzen". Zeitzeugen erinnern sich

Anna-Leena Bahrmann / Elke Stenzel

„Den Nazis eine schallende Ohrfeige versetzen“. Zeitzeugen erinnern sich

Handreichungen für den Einsatz im Unterricht

Frank & Timme
Verlag für wissenschaftliche Literatur

ISBN 978-3-86596-491-5

Herstellung durch das atelier eilenberger, Taucha bei Leipzig.
Printed in Germany.
Gedruckt auf säurefreiem, alterungsbeständigem Papier.

www.frank-timme.de

Reaktionen auf die Zeitzeugenberichte

„Ich brauchte nur die Augen zu schließen und konnte mich zurückversetzen in eine Zeit, die ich nicht selbst erlebt habe, die ich auch nur mit meinem durch Geschichtsunterricht, Filme und Bücher geprägten Bewusstsein verarbeiten und beurteilen kann ... Meine Hochachtung für Elke Stenzel, der es hervorragend gelungen ist, Zeitzeugenberichte, historische Daten und Photos so collagenhaft zusammenzustellen, dass das Bild einer menschenverachtenden Zeit, eines verbrecherischen Regimes mit dem Leben realer Personen verbunden wird ... In meinen Augen ist Elke Stenzel ein sehr gutes Buch gelungen ... Glückwunsch zu einem wichtigen Beitrag, einem wichtigen Buch über in ihrer Vorbildfunktion wichtige Menschen!“
Eva Muck, Osnabrück

„Elke [Stenzel] must be congratulated on her research and her presentation. I think she brought out a remarkable book, though I fear that all her hard work is unlikely to bring her riches. I can't see it making the Best Seller lists! But how wonderful that she has written it! Even those who were alive in those days may need to be reminded, in our present comfortable and safe lives, of the evil those Nazis brought. Now there are already two later generations for whom it is all history. The book gives easy access to such stories, and we must hope that some will want to learn about those days. The epoch should never be forgotten.“
Nicholas Myer, Littlehampton (Großbritannien)

Inhalt

1. Vorwort

„Den Nazis eine schallende Ohrfeige versetzen“

Ein Lesebuch zu Widerstand und Verfolgung im Nationalsozialismus

Am 4. Mai 1988, dem fünfzigsten Todestag Carl von Ossietzkys, wird in der Universität Hamburg die Ausstellung „Der Freundeskreis Carl von Ossietzky“ eröffnet. Diese kleine Einzelgruppe des deutschen Exils hatte sich in den Jahren 1933–1936 erfolgreich für die Verleihung des Friedensnobelpreises an den im Konzentrationslager Papenburg-Esterwegen inhaftierten Journalisten und Herausgeber der „Weltbühne“ Carl von Ossietzky eingesetzt. Unter den Gästen ist Konrad Reisner, einziges damals noch lebendes Mitglied des Pariser Zentrums des Freundeskreises, den Prof. Frithjof Trapp, der Leiter der Ausstellung, in den U.S.A. ausfindig gemacht hatte. Prof. Trapp hatte ihn im Vorfeld der Ausstellung gefragt, warum er sich als ganz junger Mann so intensiv für Carl von Ossietzky engagiert hatte, dem er im Gegensatz zu den anderen Mitgliedern der Gruppe persönlich nie begegnet war. Konrad Reisner hat ihm darauf folgendermaßen geantwortet: „Wir haben erstens versucht, das Leben eines mutigen und ungewöhnlichen Menschen zu retten … Zweitens war es eine einmalige Chance, den verhassten, verfluchten Verbrechern, die unser Land in Besitz genommen hatten, eine schallende Ohrfeige zu versetzen.“

Auf diese sehr einfache, unspektakuläre Antwort geht der Titel des vorliegenden Zeitzeugenbuches zurück, in dem Menschen über Widerstand und Verfolgung im Nationalsozialismus aus eigenem Erleben berichten: Friedrich Schnittger, der junge thüringische Bekenntnispfarrer, Else und Konrad Reisner, in der deutschen Arbeiter- und Friedensbewegung aktiv, und Laureen und Rudi Nussbaum, junge jüdische Flüchtlinge im holländischen Exil. Sie gehören zu denjenigen Gegnern des Nationalsozialismus, die keine Möglichkeit sahen, unmittelbar auf den Sturz Hitlers hinzuwirken. Dazu hätten sie im Zentrum der Macht agieren müssen. Ihr Handeln verfolgte das Ziel, Hitlers politisches Prestige zu untergraben, das NS-Regime zu schwächen und den Deutschen vor Augen zu führen, welche ungeheuerlichen Verbrechen in ihrem Namen begangen wurden. Auch der Versuch, jüdische Mitbürger zu schützen und sie vor der Deportation in die Vernichtungslager zu bewahren, ist ein Teil dieses Widerstandes. Und sie wollten sichtbar machen, dass nicht alle Deutschen treue Gefolgsleute Hitlers waren.

Pfarrer Friedrich Schnittger und seine Gemeinde finden den Weg in die Bekennende Kirche und setzen der Vereinnahmung des christlichen Glaubens durch die nationalsozialistische Ideologie ein entschiedenes Nein entgegen: in Thüringen, einer Hochburg der national-religiösen, hitlertreuen Glaubensbewegung Deutsche Christen, die allen Pfarrern, die sich „der Vollendung der deutschen Reformation aus dem Geist des Nationalsozialismus widersetzen", den Kampf angesagt hat. Immer wieder kommt die Gestapo ins Pfarrhaus, beschlagnahmt Schriften der Bekennenden Kirche oder kündigt ein neues Verhör an; sitzen Spitzel im Gottesdienst, die jedes kritische, unerlaubte Wort der Gestapo melden. Doch Pfarrer und Gemeinde sind sich einig, dass sie nicht nachlassen dürfen im Kampf gegen die Irrlehren der Deutschen Christen.

Else und Konrad Reisner sind schon lange vor der Machtergreifung Hitlers entschiedene Gegner der Nationalsozialisten, Else Reisner als Journalistin und Mitglied der Mannheimer Jungsozialisten, Konrad Reisner als kompromissloser Pazifist. In erster Ehe mit einem jüdischen Journalisten verheiratet, wird Else Reisner als „marxistische Intellektuelle und völlig verjudet" verfolgt und inhaftiert. Konrad Reisner organisiert im Mai 1931 als damals 23jähriger Sekretär der Deutschen Friedensgesellschaft nach einem Aufmarsch des „Stahlhelm" in seiner Heimatstadt Breslau ein deutsch-polnisches Freundschaftstreffen und macht sich damit nicht nur in den Augen der Nationalsozialisten des Landesverrats schuldig. Nach der frühen erzwungenen Flucht aus Deutschland setzen beide ihre gegen das Nazi-Regime gerichtete politische Arbeit im Pariser Exil fort. Sie entkommen im September 1940 der Gestapo im inzwischen von deutschen Truppen besetzten Frankreich nur durch einen gefährlichen Weg über die Pyrenäen, zu Fuß, mit ihrem nur wenige Wochen alten Baby im Rucksack.

Als junge jüdische Flüchtlinge im holländischen Exil nehmen Laureen und Rudi Nussbaum im besetzten Holland den Kampf gegen die Nazi-Besatzer auf, um der drohenden Verhaftung und Deportation in die Vernichtungslager zu entkommen. „Ich riskiere alles, das Leben, aber ich lasse mich nicht einfach nach Westerbork oder in die Konzentrationslager schicken", beschließt der damals 19jährige Rudi Nussbaum Anfang 1941, als in Amsterdam 400 junge jüdische Männer von der deutschen Sicherheitspolizei verhaftet und in das Folterlager Mauthausen verschleppt werden. Er taucht unter, entzieht sich den Nazi-Häschern, vier Jahre lang bis zur Befreiung Hollands im Mai 1945, ständig in Gefahr, entdeckt oder verraten zu werden, immer auf der Suche nach einer neuen Untertauchadresse, weil die alte nicht mehr sicher ist. Hannelore Klein, seine spätere Frau, und ihre Familie überleben den Holocaust, indem sie mit Hilfe gefälschter Papiere die jüdische Herkunft der Mutter abstreiten. Sie finden einen Retter in Hans Calmeyer, dem Leiter der „Entscheidungsstelle für Zweifelsfälle der [jüdischen] Abstammung“ bei den deutschen Besatzungsbehörden in Den Haag, der als entschiedener Gegner der Nazis die meist gefälschten nicht-jüdischen Abstammungsnachweise anerkennt, wann immer er kann, ohne sein Rettungswerk zu gefährden. Wer auf einer der „Calmeyer-Listen“ stand – und das waren 3000 Antragsteller und ihre Familien –, war vor Verhaftung und Deportation in die Vernichtungslager einigermaßen sicher.

Die erfolgreiche Nobelpreiskampagne für Carl von Ossietzky, das mutige Rettungswerk Hans Calmeyers und andere Beispiele widerständigen Handelns in diesem Buch zeigen, dass Widerstand gegen das NS-Regime möglich und wirkungsvoll war. Selbstbehauptung, Verweigerung, kompromisslose Gegnerschaft anstelle gleichgültiger Anpassung oder bequemen Mitläufertums: Vielleicht wäre eine Alternative zu Hitler möglich gewesen, wenn nicht nur eine winzige Minderheit der Deutschen bestehende Handlungsspielräume genutzt und Widerstand gegen Unrecht und Gewalt gewagt hätte.

Die Erinnerung an die nationalsozialistische Diktatur, den unfassbaren Bruch mit aller Menschlichkeit und Zivilisation, muss immer wieder neu am konkreten Beispiel erzählt und in ihren Dimensionen verstanden werden. Das Lesebuch *„Den Nazis eine schallende Ohrfeige versetzen“* soll dazu beitragen, das Potential dieser Erinnerungskraft zu bewahren und es vor allen Dingen jungen Menschen zugänglich zu machen.

Elke Stenzel

„Und ist das mein Problem?“[1]

Ein schwieriges Thema gelungen unterrichten

Als ich im Geschichtsunterricht der Oberstufe (12. Klasse) den Beginn der Verhandlungen um die Verbrechen John Demjanjuks im nationalsozialistischen Vernichtungslager Sobibor als Gesprächsauftakt benutzte, das Erinnern an und die Beschäftigung mit dem Holocaust zu thematisieren, erlebte ich interessante Reaktionen. Ein Teil der Schülerinnen und Schüler fühlte sich durch die gegen Demjanjuk erhobenen Vorwürfe und die unschwer vorzustellenden Leiden seiner Opfer emotional und intellektuell angesprochen und war hoch motiviert, sich intensiv mit der Geschichte von Verfolgung und Vernichtung im nationalsozialistischen Staat auseinanderzusetzen. Ein anderer Teil der Gruppe erschien ebenso interessiert aber auch erstaunt, dass diese Verbrechen des NS-Regimes so viele Jahrzehnte später noch immer eine Rolle in der Öffentlichkeit spielten. Die zeitliche Distanz zu dem Geschehen stand als Frage im Raum – weshalb sollte es noch von Interesse sein? Der Sachverhalt schien den Schülern nach den bereits erfolgten Geschichtsstunden klar und war keiner besonderen Diskussion wert und auch an der Schuld des Angeklagten bestand für sie kein Zweifel.
Die sich hieraus ergebende Debatte führte zu einer Auseinandersetzung mit Fragen, wie sie frühere Schülergenerationen wahrscheinlich nicht gestellt hätten. So spielte kaum eine Rolle, dass man das Gefühl habe, „der Nationalsozialismus komme immer und überall vor“[2], die so genannte „Moralkeule“[3]; dagegen fragten sich die Schülerinnen und Schüler, welche Rolle *sie* in diesem Erinnern spielten und spielen wollten.

Mit ihrem persönlichen und beinahe radikal wirkenden Anspruch aber stehen meine Schülerinnen und Schüler in ihrer Generation nicht allein da. War mit dem Lernziel „Einsicht in die Unmenschlichkeit des nationalsozialistischen Verfolgungs- und Vernichtungssystems und in die Notwendigkeit der Bekämpfung antidemokratischer Tendenzen“[4] das inhaltliche Ziel des Geschichtsunterrichts dieser Epoche noch Mitte der 90er Jahre deutlich formuliert, scheint es heute – mehr als 20 Jahre nach der Wiedervereinigung und dem Ende der Sowjetunion – zunehmend wichtiger zu werden, neue Wege und immer wieder neue

1 Untertitel des Artikels „War Ur-Opa ein Nazi?“ im ZEIT-Magazin Nr. 45, 04.11.2010.
2 Zitat aus einer Klausur im Leistungskurs Geschichte 2012.
3 vgl. Martin Walser, Rede zur Verleihung des Friedenspreises des Deutschen Buchhandels 1997.
4 Rahmenplan Geschichte Klasse 7–10, gültig ab 1995/96. Senatsverwaltung für Schule, Berufsbildung und Sport Berlin, S. 4.

Begründungen für die intensive Auseinandersetzung mit dem Nationalsozialismus zu finden. So gilt die immanente Forderung des alten Lernziels nach wie vor, die veränderten Verhältnisse aber verlangen nach neuen Antworten: Es scheint auch notwendig, einer Tendenz entgegenzutreten, die NS-Verbrechen zu relativieren (vgl. die Diskussion um Holocaust und stalinistische Verfolgungen).
Die Begegnung mit Zeitzeugen stellt eine große Chance dar, den Schülern einen neuen Zugang zu einem für den Geschichtsunterricht in Deutschland unverzichtbaren Thema zu ermöglichen. Zu einer Zeit jedoch, in der immer weniger Menschen über die Zeit des Nationalsozialismus aus eigenem Erleben berichten können, ist es besonders wichtig, ihre Erinnerungen an das Geschehen aufzuzeichnen und so aufzubereiten, dass sie sinnvoll und ertragreich in die Unterrichtsarbeit einbezogen werden können.

Der Band der Lehrerhandreichungen entstand in der Auseinandersetzung mit dem Zeitzeugenbuch „Den Nazis eine schallende Ohrfeige versetzen". Dieses Buch lässt sich sehr gut einfach in die Hand nehmen und LESEN, aber oftmals fehlt hierzu die Zeit im Unterrichtsalltag. Aus diesem Grund erschien es mir notwendig, seine Einsatzmöglichkeiten im Unterricht zu verdeutlichen, um das Buch auf diese Weise besonders jungen Menschen zugänglich zu machen.
Die Auseinandersetzung mit den nationalsozialistischen Verbrechen soll auch hier, wie bereits in anderen Publikationen erfolgreich umgesetzt, durch die persönliche Schilderung der Erfahrungen das Nachvollziehen und – soweit möglich – das Verstehen fördern. Gerade über die Lebensgeschichte von Personen, die die Repressalien des NS-Regimes in ihrem privaten wie beruflichen Alltag in äußerster Form erleben mussten, die sich Unrecht und Gewalt dennoch widersetzten und jeder auf eine andere Weise erfolgreich widerstanden, kann eine ertragreiche Beschäftigung mit der Geschichte des Nationalsozialismus gelingen. So ist die Distanz zur eigenen Person geringer, da es sich nicht um so herausragende Persönlichkeiten des Widerstandes wie Sophie und Hans Scholl oder aber Claus Schenk Graf von Stauffenberg handelt. Das aber, was jene Personen erreicht haben, ist ebenso bewunderungswürdig und vorbildhaft. In allen Schilderungen der Zeitzeugen finden sich bereits bekannte Beispiele des Widerstandes und der Verfolgung wieder: Dietrich Bonhoeffer und die Bekennende Kirche, Carl von Ossietzky, Anne Frank und ihre Familie, zu denen sich mühelos Verknüpfungen im Unterricht herstellen lassen.
Die Aufgaben folgen dem Prinzip der direkten Auseinandersetzung mit den Zeitzeugen-

berichten. Sekundärtexte und andere Zusatztexte informierender Art sollen helfen, das Original zu verstehen und für sich zu nutzen.

Die oftmals als zu theoretisch wahrgenommene Darstellung der Schulbücher mit Zahlen und Fakten soll auf diesem Wege mit Leben gefüllt und eine Diskussion um Handlungsmöglichkeiten in autoritären Regimen angestoßen werden.

„Und ist das mein Problem?“ – verstehe ich als ein Bedürfnis nach Diskussion einer wirklichen Frage, der Frage nämlich, wie junge Erwachsene mit der deutschen Geschichte 1933–1945 in Zukunft sinnvoll umgehen wollen. So sollen die Lehrerhandreichungen nicht zuletzt der Versuch einer Antwort auf diese Frage sein.

Anna-Leena Bahrmann

2 Einsatz im Unterricht

a) Themen und Textstellen: Pfarrer Friedrich Schnittger

Themen	Pfarrer Friedrich Schnittger
Kaiserreich	**Kindheit und Jugend eines Tischlersohns** S. 14–16 Die Eltern Schnittgers, Wunsch nach gesellschaftl. Aufstieg S. 16–21 Lebensbedingungen einer Handwerkerfamilie; Kindheit und Jugend des Tischlersohns Friedrich Schnittger; Fragen des Schulbesuchs S. 22 Schilderung der Kindheit und Jugend Schnittgers: Wohnverhältnisse, „Spielplätze“ auf der Straße, Schule, finanzielle Belastungen der Eltern, frühes Interesse an Politik
Erster Weltkrieg	**Kriegsbegeisterung** S. 21f. Faszination des Krieges eines deutschen Schuljungen **Kriegsende und Novemberrevolution: Erschütterung des Vertrauens in die bisherige Weltordnung; Neuorientierung** S. 22 Fortsetzung der schulischen Ausbildung nach dem Krieg (Übergang in die Untersekunda) S. 22 Verbesserung der ökonomischen Situation des Vaters S. 23f. „Du bist betrogen“ – Schilderung der Ereignisse um die Novemberrevolution

Weimarer Republik	**Schule und Ausbildung** S. 23–25 „Neue“ gegen „alte“ Pädagogik, Reformpädagogik S. 25–27 Schwierigkeiten der Berufsfindung; Entschluss, Theologe zu werden; Beginn der theologischen Ausbildung
Politische Situation in den 20er/Anfang der 30er Jahre(n)	**Das Krisenjahr 1923:** S. 28–31 Studium in der Zeit der Inflation; Geldentwertung, Lebensmittelknappheit, zeitweilige Arbeitslosigkeit des Vaters S. 31f. Studienzeit in Marburg, 1. Theologisches Examen; erste Predigt
	Pfarrer in Neuhaus-Schierschnitz: Die ersten Jahre S. 35f. Die Spaltung der Kirchengemeinde durch den Amtsvorgänger Pfarrer Reinhardt S. 36f. Die politische Einstellung in Neuhaus-Schierschnitz S. 40 Gottesdienst am Totensonntag 1932 (Auftritt von NSDAP-Mitgliedern und SA-Männern in Uniform)
Nationalsozialismus	
	NS-Außenpolitik S. 54 *Quelle*: Brief Dr. Klinglers an Pfarrer Schnittger, 31.01.1935; Hinweis auf das Ergebnis der Abstimmung zur Saarlandfrage
	Propaganda S. 43 „Es gab in jenen Tagen keine Zeit, die große Menge der Menschen zu warnen. Ich persönlich ahnte wohl Unheil, aber ich wußte nicht, wie folgenschwer es sein würde.“ Die Kirchenwahlen im Juli 1933

Kirche und **Nationalsozialismus**	**Anfänge der NS-Kirchenpolitik: Die Einheit von Kirche und Staat** S. 40 *Quelle*: Aus der Regierungserklärung Adolf Hitlers vom 23. März 1933 S. 41f. *Quelle: Übersicht über den Ablauf der Feierlichkeiten zum 1. Mai*; der 1. Mai 1933 in Neuhaus-Schierschnitz S. 44–47 *Quellen*: - Auszug aus der Entschließung der *Glaubensbewegung Deutsche Christen,* S. 43f. - *Aufruf zum Volksentscheid* am 12.11.1933 (Austritt aus dem Völkerbund), S. 45 - „Was wollen wir nun hierzu sagen? Ist Gott für uns, wer mag wider uns sein?“ Predigt zum Aufruf, S. 45ff. - Schreiben des *Evangelischen Oberpfarramtes* zum Deutschen Gruß vom 22.09.1933, S. 46f.
	Die Wende in der NS-Kirchenpolitik *Quellen:* - S. 48f. Aufzeichnungen des bayrischen Landesbischofs Meiser über ein Gespräch mit Hitler (13.3.1934) - Verordnung des Reichsbischofs zur Wiederherstellung geordneter Zustände in der deutschen Evangelischen Kirche (4.1.1934) - Bericht über die Besetzung des Landeskirchenamtes München durch die Polizei - S. 49 *Quelle*: Kundgebung der Bekennenden Kirche (12.10.1934) - Entschluss Pfarrer Schnittgers, die Rechtsbrüche der Deutschen Christen nicht länger hinzunehmen („…daß ich nun nicht länger schweigen durfte.“)
	Die Deutschen Christen (DC) S. 42ff. *Quellen:* Aus den Richtlinien der Kirchenbewegung Deutsche Christen in Thüringen (11.12.1933) Entschließung der Glaubensbewegung Deutsche Christen (Auszug) (13.11.1933)
	Widerstand und Verfolgung **Die Bekennende Kirche** S. 96–99 „Christentum bedeutet Entscheidung“

	Der Weg des Pfarrers Friedrich Schnittger in die Bekennende Kirche S. 50ff. *Quelle*: Predigt Schnittgers am 14.10.1934 zu Joh. 15, Vers 5 (Gleichnis von Weinstock und Rebe)
	Zeugnisse kirchlichen Widerstands S. 52–56 *Quellen*: - S. 52 „Evangelisches Papsttum" Auseinandersetzung mit deutsch-christlichen Mitgliedern des Gemeindekirchenrates - S. 53 Schreiben an den thüringischen Landeskirchenrat (Auszug) - S. 54 Brief Dr. Klinglers an Schnittger zu den Protesten von Pfarrer und Gemeinde gegen das DC-Kirchenregiment - S. 55f. Erklärung der Bekennenden Kirche Thüringens, in der sie der Landeskirchenregierung die geistliche Leitung aberkennt; Pfarrer Schnittger unterschreibt diese Erklärung - S. 56 Aus dem Wort der Augsburger Bekenntnissynode vom 06.06.1935, das Pfarrer Schnittger im Gottesdienst verliest - S. 52–55 Berichte Pfarrer Schnittgers in der Kirchenchronik - S. 69 *Quelle:* Ausbildung des theologischen Nachwuchses der Bekennenden Kirche durch Pfarrer Schnittger trotz Verbots des Reichskirchenministeriums S. 59–68 *Quellen:* - S. 59 Kirchenwahlen 1937: Warnung vor den Deutschen Christen; Aufruf des thüringischen Landesbischofs - S. 59–67 Vortrag Pfarrer Schnittgers in thüringischen und bayrischen Gemeinden („Was verbindet uns mit den Deutschen Christen?") - S. 68 *Quelle*: Brief Pfarrer Schnittgers an die Nachbargemeinde Heinersdorf zu den bevorstehenden Kirchenwahlen
	Verfolgung durch kirchliche Behörden und Gestapo S. 55–59 drohende Amtsenthebung; Verhör im Landeskirchenamt, Zurückweisung der Vorwürfe S. 69–72 Überwachung und Repressalien durch Polizei und kirchliche Behörden Tätigkeit für *Bekennende Kirche*; neuer Vikar (Horst Stäbe), Übernahme der Weiterbildung im Kreis Sonneberg S. 69 *Quelle*: Erinnerungen des Vikars an die Zeit seines Vikariats bei Pfarrer Schnittger; Verfolgung durch

	Vertreter der NSDAP, des Landeskirchenamtes und der Polizei nehmen zu S. 70f. *Quelle*: „Bespitzelt und denunziert?“ Brief Pfarrer Schnittgers an ein Mitglied des Gemeindekirchenrats (21.7.1937)
Zweiter Weltkrieg	**Kirche und Rassenpolitik** S. 77 *Quelle:* antisemitisches Kirchenrecht in Thüringen **Kirche und NS-Eroberungspolitik** S. 78f. *Quelle:* Rundschreiben des Sonneberger Oberpfarrers zum Überfall auf die Sowjetunion S. 78f. Auswirkungen des Krieges auf Pfarrer und Gemeinde
Deutschland nach Kriegsende und Befreiung	**Die christliche Botschaft von Schuld, Sühne und Vergebung** S. 84ff. *Quelle*: Predigt Pfarrer Schnittgers zu Pfingsten 1946 („Aber Petrus sprach zu ihnen: Tut Buße und lasse sich ein jeglicher taufen auf den Namen Jesu Christi zur Vergebung der Sünden…“ Apostelgeschichte 2, 34b-41)
Umgang mit der NS-Vergangenheit	**Wider das Vergessen** S. 92ff. *Quelle*: Predigt zu Jeremia (44, 7–11) („Nun, so spricht der Herr,…: Warum tut ihr doch so großes Übel wider euer eigen Leben…“) S. 95 „Nur im Glauben an Jesus Christus kann man das Leid tragen und braucht es nicht zu verdrängen und braucht es nicht zu vergessen.“

2a) Einsatz im Unterricht

Themen und Textstellen: Else und Konrad Reisner; Laureen und Rudi Nussbaum

Themen	Else und Konrad Reisner	Laureen und Rudi Nussbaum
Erster Weltkrieg	**Kriegsende und Novemberrevolution:** **Die Sozialdemokratische Arbeiterjugend; Sozialdemokratische Tradition des Vaters** S. 149–152 **Else**: Beschreibung des Elternhauses, politische Einstellung des Vaters; Mitglied in der SAJ	
Weimarer Republik		
Politische Situation in den 20er/Anfang der 30er Jahre(n)	**Politische Strömungen: Für Frieden, Völkerverständigung und Menschenrechte** S. 108–111 **Konrad**: politische Einstellung der Eltern, beginnendes politisches Engagement S. 111f. **Konrad**: Aktivität in der *Deutschen Friedensgesellschaft*, der *Deutschen Liga für Menschenrechte* und der *Sozialistischen Arbeiterpartei;* Begründung des Engagements: „Obwohl … meine Familie … nicht unmittelbar unter dem Krieg gelitten hat, habe ich doch schon sehr früh ein Gespür dafür entwickelt, dass es nach den schrecklichen Folgen des Krieges	

	wichtig war, unter den Menschen und Völkern wieder friedliche Beziehungen herzustellen.“ S. 114ff. **Konrad**: Darstellung der *Deutschen Friedensgesellschaft* und der *Deutschen Liga für Menschenrechte* S. 121ff. **Konrad**: Aktionen gegen Militarismus und Kriegshetze in Breslau; Warnung vor der NS-Gefahr S. 135f. **Carl von Ossietzky** *Quelle:* Weltbühne Verfolgung, unter Schleicher amnestiert S. 151f. **Else**: Kindheit und Jugend in sozialdemokratischen Jugendorganisationen	
Nationalsozialismus		
	Rassenpolitik und Antisemitismus S. 152 **Else**: heiratet den jüdischen Journalisten Heinrich Heilbrunn; erste Begegnung mit antisemitischen Ressentiments in Nürnberg	**Rassenpolitik und Antisemitismus** S. 221ff. Jüdische Familien in Frankfurt am Main S. 224ff. Ausgrenzung, Diskriminierung und Entrechtung in Schule und Beruf, Flucht aus Deutschland
	Zunehmender Einfluss der NSDAP S. 120–124 **Konrad:** Eintritt in die SAP; Sorge über Einfluss der NSDAP; wachsende Befürchtungen bzgl. rechter bzw. rechtsextremer Gruppierungen, Einstellung in der Bevölkerung	**Zunehmender Einfluss der NSDAP**

	Die Machtergreifung	**Die Machtergreifung** S. 224f. **Laureen** S. 227 **Rudi**
	Reichstagsbrand S. 124f. **Konrad:** taucht für einige Tage in Berlin aufgrund drohender Verhaftung unter S. 125 *Quelle*: Verhaftungswelle nach dem 28.2.1933 S. 135 Bericht über die Verhaftung **von Ossietzkys**	**Reichstagsbrand**
	Verfolgung und Ausschaltung politischer Gegner 1933–1934 S. 114 **Konrad**: Flucht S. 118ff. **Konrad**: Darstellung seiner Tätigkeit für die *Deutsche Liga für Menschenrechte* S. 127ff. **Konrad**: Beginn des „Nazi-Terrors“ S. 134 *Quelle:* Völkischer Beobachter (Errichtung des ersten **Konzentrationslagers** nahe Dachau) **Carl von Ossietzky** *Quelle*: Weltbühne („Ich gehe nicht aus Gründen der Loyalität ins Gefängnis…“ S. 135) S. 152–155 **Else:** Begegnung mit ihrem ersten	**Verfolgung und Ausschaltung politischer Gegner 1933–1934**

	Mann Heinrich Heilbrunn; Verhaftung Heinrichs, Inhaftierung in Dachau (14 Monate); Verhaftung Elses, Verhör, siebenmonatige Einzelhaft im Zuchthaus Aichach S. 155 **Else**: erfolgreicher Versuch, Heinrich zu befreien S. 156–157 **Else**: Fortsetzung der illegalen Arbeit; Flucht in die Schweiz, dann nach Paris (1934)	
	Jugend im NS-Staat (Schule, Ausbildung)	**Jugend im NS-Staat (Schule, Ausbildung)** S. 226 **Laureen** S. 227 **Rudi** S. 239 **Laureen**: Schule im Amsterdamer Exil
	NS-Außenpolitik S. 160f. **Else**: Beteiligung am **Abstimmungskampf** im **Saarland** „Für Deutschland – Gegen Hitler“	**NS-Außenpolitik**
	„9. November 1938“	**„9. November 1938“** S. 245 *Quelle*: Tagebucheintrag **Rudis** (9.11.41), in dem er sich an den 9. November 1938 erinnert
	Leben im Exil S. 129f. **Konrad**: Flucht aus Deutschland S. 130ff. **Konrad**: Situation der deutschen	**Leben im Exil** S. 228–231 **Rudi**: Fluchtort Italien S. 233ff. **Rudis** Eltern: Der schwierige Aufbau

	Flüchtlinge in Frankreich S. 131 **Konrad**: Arbeit für den *Service Allemand*, der Flüchtlingshilfe der Französischen Liga für Menschenrechte, Darstellung seiner Arbeit S. 134ff. Nobelpreiskampagne für **Carl von Ossietzky** S. 162f. **Else**: Schilderung der politischen Situation seit der Machtergreifung aus Sicht ihres Vaters; Verlust der Arbeit, innerer Rückzug	einer neuen Existenz S. 231–233 **Laureen**: Leben der jungen Generation in der neuen Heimat S. 240–241 **Laureen**: Schilderung des Alltagslebens im Exil, Anne Frank; Ausgrenzung und Isolation
	Widerstand gegen das NS-Regime; der Kampf um das Überleben S. 137–147 **Konrad**: Nobelpreiskampagne für Carl von Ossietzky S. 139 *Quelle*: Brief **Ernst Tollers** an Lord Cecil; S. 140 Antwort Lord Cecils S. 140 *Quelle*: Brief **Konrads** an **Willy Brandt**; S. 142 Antwort Willy Brandts S. 144 *Quelle*: Brief **Albert Einsteins** an das Nobelpreiskomitee S. 157–159 *Quelle*: Zeitungsartikel aus der *Neuen Saar-Post* vermutlich von **Else** Heilbrunn/Reisner über das Konzentrationslager Dachau	**Widerstand gegen das NS-Regime; der Kampf um das Überleben** S. 241ff. **Rudi**: Untertauchen mit 19 Jahren S. 260ff. **Rudi**: Die gescheiterte Flucht S. 242ff., S. 268ff., S. 276ff. Der selbstlose Einsatz für Menschen in Not: die Familien Teunissen, Blokland und Klein S. 255ff. **Hans Calmeyer**: Die Rettung der Familie Klein

	Ausgrenzung, Verfolgung und Vernichtung der jüdischen Bevölkerung	**Ausgrenzung, Verfolgung und Vernichtung der jüdischen Bevölkerung (im besetzten Holland)** S. 236ff. **Rudi**, **Laureen** S. 236–239 **Rudi**: Erste antijüdische Verordnungen; Verhaftung Hunderter junger jüdischer Männer S. 239ff. Verschärfung der antijüdischen Maßnahmen; weitere Verhaftungen; der *Jüdische Rat* S. 241 *Quelle*: „Arbeitseinsatz im Osten“: der Beginn der Vernichtung der Juden in Holland S. 242–247 **Rudi:** Verstecken, Hilfe durch Fremde; S. 248f. und S. 250–254, Deportation von **Rudis** Eltern, Leben im Konzentrationslager S. 247 **Laureen**: Unterstützung des untergetauchten Freundes S. 249ff. Das holländische Konzentrations- und Durchgangslager *Westerbork* S. 248f., S. 271ff. **Verhaftet-Deportiert-Ermordet** **Das Schicksal von Ella und Hermann Nussbaum**
Der Zweite Weltkrieg	**Kriegsbeginn** S. 163ff. **Konrad**: Erste Internierung nach Kriegsbeginn 1939; Schilderung der Situation	**Kriegsbeginn** S. 236 **Rudi**: „Wir saßen wieder in der Falle“, Einmarsch deutscher Truppen in die Niederlande

	der Flüchtlinge in Paris kurz vor und nach Kriegsausbruch S. 166f., S. 168f. *Quelle:* Tagebucheinträge **Elses Einmarsch deutscher Truppen** in Dänemark, Norwegen, Holland, Belgien, Luxemburg, Frankreich **Französische Internierungspolitik** S. 169ff. **Konrad**: Bericht aus dem Internierungslager *Camp de la Braconne* S. 167 **Else**: Schwangerschaft; Flucht aus Paris 28.5.1940 **Verfolgung der politischen Flüchtlinge** S. 173 *Quelle*: Artikel 19 des deutsch-französischen Waffenstillstandsvertrages vom 22. Juni 1940 S. 177ff. **Else und Konrad**: Die Geschichte des Rucksack-Babys („Wir sind der Gestapo entkommen…“)	
Die Zeit nach dem Krieg	**Die Nachkriegsjahre 1945–1947** S. 193f. Die Entscheidung, amerikanische Staatsbürger zu werden S. 194ff. Ein Lebenszeichen aus dem zerstörten Deutschland („In unserer alten Heimat hätten wir uns mit Sicherheit fremd gefühlt…Ich wollte	**Kriegsende und Befreiung** S. 280ff. Die letzten Monate des Krieges; „Victory Day“

	auch keine früheren Nazis sehen…“, S.194) S. 194ff. *Quelle:* Brief von Oskar Greiner, ehem. Lehrer **Elses**, über die Situation in Deutschland nach dem Krieg **Hilfe für die deutschen Freunde** S. 198ff. Carepakete und Patenschaften S. 199f. *Quelle*: Brief **Harald Poelchaus** **Das Schicksal der Angehörigen** S. 188ff. **Konrad**: Rettung seiner Eltern aus Europa; das Schicksal seiner Großtante und seines Bruders in Europa S. 191 **Else**: Das Schicksal ihres Vaters und das ihres Bruders	
	Das Leben nach dem Überleben S. 192ff. **Konrad**: Der Aufbau einer neuen Existenz S. 202ff. Späte Ehrung: die Verleihung des Großen Bundesverdienstkreuzes 1988 S. 205ff. Politisches und soziales Engagement in der neuen Heimat	**Das Leben nach dem Überleben** S. 294 „Was ist unsere Heimat?“ S. 296ff. Wissenschaftliches und politisches Engagement in Erinnerung an die eigene Vergangenheit S. 301f. Das schwierige Verhältnis zu Deutschland

b) Unterrichtsvorschläge und Projekte

Unterrichtsbeispiele für Sekundarstufe I:

Inhaltlicher Bereich	Thema/Überschrift	Anzahl der benötigten Stunden	Bemerkungen	Seite
Die politisch-gesellschaftlichen Umbrüche zwischen Kriegsende und Novemberrevolution	„Du bist betrogen" – Die Niederlage Deutschlands 1918 aus Sicht eines Zeitgenossen	2 h		32
Der Übergang von der Demokratie zur Diktatur	„Der Naziterror beginnt" – Wie setzen die Nationalsozialisten ihre Macht durch?	1–2 h		34
Alltag in der NS-Diktatur	Der Verlust von Identität und Heimat – Vergleich der Erfahrungen Laureen und Rudi Nussbaums mit denen Victor Klemperers	2–3 h	*(identisch mit Projekt Nr. 3)*	36
Widerstandskämpfer: Hans Calmeyer	„Calmeyers Listen" – Hans Calmeyer und die Judenrettung	2–3 h		41
Widerstandskämpfer: Else Reisner *(2 Vorschläge)*	„Ich wollte den Rassenwahn der Nazis nicht mitmachen" – Else Reisner und ihre Motive, dem NS-Regime den Gehorsam zu verweigern	2–3 h		46
Alltag im Konzentrationslager	„Du darfst die Hoffnung nicht aufgeben" – Das Schicksal der Eltern Rudi Nussbaums im Konzentrationslager Westerbork	2–3 h		51
Frankreich unter deutscher Besatzung	Zwischen Widerstand und Kollaboration – Die Verfolgung der deutschen Emigranten im besetzten Frankreich	2–3 h		54
Umgang mit der NS-Geschichte heute	Nach dem Ende des NS-Regimes: Ist eine Rückkehr zur Normalität möglich?	2–3 h	Interkultureller Unterrichtsansatz *(identisch mit Vorschlag Sek II)*	56

Unterrichtsbeispiele für Sekundarstufe II:

Inhaltlicher Bereich	Thema/Überschrift	Anzahl der benötigten Stunden	Bemerkungen	Seite
Die politisch-gesellschaftlichen Umbrüche zwischen Kriegsende und Novemberrevolution	„Du bist betrogen“ – Die Niederlage Deutschlands 1918 aus Sicht eines Zeitgenossen	2 h		59
Der Übergang von der Demokratie zur Diktatur	„Der Naziterror beginnt“ – Wie setzen die Nationalsozialisten ihre Macht durch?	1–2 h	*(identisch mit Vorschlag Sek I)*	61
Verfolgung von Regimegegnern nach dem Reichstagsbrand	Der Weg in den Widerstand – Der 28. Februar 1933 für Konrad Reisner	3 h	Theaterprojekt *(an eine Unterrichtseinheit bzw. -stunde anzugliedern)*	63
Der Umgang des NS-Regimes mit seinen Gegnern	Die Nobelpreis-Kampagne für Carl von Ossietzky – War die Kampagne erfolgreich?	2–3 h (evtl. mit Vorbereitung)		65
Kirche im NS-Staat – die Bekennende Kirche	„Man muss Gott mehr gehorchen als den Menschen“ – Die Bekennende Kirche	2–3 h	geeignet für Leistungskurse	72
Alltag im Konzentrationslager	„Hätte ich sie doch überreden sollen?“ – Rudi im Gespräch mit seiner Mutter	1–2 h (evtl. mit Vorbereitung)	Dilemma-Situation	75
Alltag im Konzentrationslager, Erinnerungskultur	Die Erinnerung an die nationalsozialistischen Verbrechen – notwendig und möglich? Das Schicksal der Eltern Rudi Nussbaums	2–3 h		78
Alltag im Konzentrationslager	„Du darfst die Hoffnung nicht aufgeben“ – Das Schicksal der Eltern Rudi Nussbaums im Konzentrationslager Westerbork	2–3 h	*(identisch mit Vorschlag Sek I)*	82

Frankreich unter deutscher Besatzung	Zwischen Widerstand und Kollaboration – Die Verfolgung der deutschen Emigranten im besetzten Frankreich	2–3 h		85
Widerstand im Nationalsozialismus: Else Reisner	„Ich wollte den Rassenwahn der Nazis nicht mitmachen“ – War es möglich, Widerstand zu leisten?	2–3 h		92
Erinnerungskultur in Deutschland nach 1945	„Calmeyers Listen“ Hans Calmeyer und die Judenrettung	2–3 h		95
Erinnerungskultur in Deutschland nach 1945	Vergessen oder Erinnern? Der Umgang der jungen Bundesrepublik mit ihrer NS-Vergangenheit	2–3 h		100
Umgang mit der NS-Geschichte heute	Nach dem Ende des NS-Regimes – Ist eine Rückkehr zur Normalität möglich?	2–3 h	Interkultureller Unterrichtsansatz *(identisch mit Vorschlag Sek I)*	103
Der Erste Weltkrieg	„Es ist heilsam, an den Ersten Weltkrieg zurückzudenken.“ – Zum 100. Jahrestag des Kriegsausbruchs		Projektarbeit *(identisch mit Vorschlag Sek I)*	106

Projektarbeit (Sekundarstufe I und II):

Die hier vorgestellten Unterrichtsvorschläge wurden größtenteils mit Teilnehmern und Teilnehmerinnen des Fachseminars Geschichte in Berlin-Reinickendorf entwickelt. Beteiligt waren: Antje Bagdahn, Judy Bärmann, Karl Drews, Franziska Hauk, Christoph Köhn, Felix Maier, Tim Oermann, Frauke Okoro, Oliver Schultz, Nadine Wenzel, Anne-Kathrin Wilhelm, Serge Wyckmans.

Projekt-Nr.	Inhaltlicher Bereich	Thema/Überschrift	Bemerkungen	Seite
1	Verfolgung im Nationalsozialismus	„Da kommt jemand an die Tür und der sagt: Ich brauche Hilfe"[5] Rudi Nussbaums Flucht vor den Nationalsozialisten		107
2	Verfolgung im Nationalsozialismus, Alltag in der NS-Diktatur	Das Leben der Nussbaums – Haben sie überlebt?		109
3	Verfolgung im Nationalsozialismus, Alltag im Nationalsozialismus	Der Verlust von Identität und Heimat – Vergleich der Erfahrungen Laureen und Rudi Nussbaums mit denen Victor Klemperers		122
4	Der Erste Weltkrieg	„Es ist heilsam an den Ersten Weltkrieg zurückzudenken" – Zum 100. Jahrestag des Kriegsausbruchs	für Freiarbeit geeignet *(identisch mit Vorschlag Sek II)*	127
5	Die Machtergreifung durch die Nationalsozialisten	„Und dann begann der Naziterror" – Was es bedeutete ein Nazi-Gegner zu sein		128

5 „Den Nazis eine schallende Ohrfeige versetzen", S. 242.

6	Biographiearbeit anhand der dargestellten Lebensläufe	„Hannelore und Rudi als junge jüdische Flüchtlinge im holländischen Exil: Entwicklung der Beziehung vor dem Hintergrund der Verfolgung“	Erstellen einer Wandzeitung	130
7	Biographiearbeit anhand der dargestellten Lebensläufe	„Das Leben nach dem Überleben: Laureens und Rudis Verhältnis zu Deutschland“	Erstellen einer Wandzeitung	130
8	Biographiearbeit anhand der dargestellten Lebensläufe	„Stille Helden – Menschen, die Rudis Leben gerettet haben“	Erstellen einer Wandzeitung	130

Text: Pfarrer Schnittger	Kriegsende und Anfang der Weimarer Republik	Anzahl der Unterrichtsstunden: 2
Sek I	Die Niederlage Deutschlands 1918 und die November-revolution	

„Du bist betrogen“[6]

Die Niederlage Deutschlands 1918 aus Sicht eines Zeitgenossen

Skizze der Vorgeschichte: Pfarrer Friedrich Schnittger, 1902 in Detmold/Lippe geboren und dort aufgewachsen, wirkt nach seinem Studium der Theologie in Göttingen und Marburg als Pfarrer in der Lutherischen Landeskirche Thüringen. Während der Zeit des Nationalsozialismus gehört er der Bekennenden Kirche an.

Anfang 1943 wird er zum Wehrdienst eingezogen. Nach einer achtwöchigen militärischen Ausbildung machen mehrere schwere Erkrankungen einen längeren Krankenhaus- und Lazarett-aufenthalt notwendig, u.a. im Lazarett Franzensbad, einem bekannten tschechischen Kurort, der damals in dem von Deutschland 1938 annektierten Sudetenland lag. Von hier aus berichtet Pfarrer Schnittger im Sommer 1944 in Briefen an seine vierjährige Tochter Renate über seine lippische Heimat, sein Elternhaus, seine Jugend und den Entschluss, Pfarrer zu werden.

Materialien: Lesebuch S. 211f. (Text 1) S. 19–31 (Text 2)

Einstieg: Aus dem Aufruf Kaiser Wilhelms II. „An das Deutsche Volk“ am 6. August 1914 (Text 1)

Beschreibe die beabsichtigte Wirkung des Aufrufs.

Arbeitsaufträge:

1. Beschreibe das soziale und familiäre Umfeld, in dem Friedrich Schnittger aufwächst. (Text 2)

Vorschläge für Textausschnitte:

Text 2: S. 19f. („Doch jetzt will ich weiter von meiner Familie berichten…“)
S. 22f. („Heute gehen wir zurück in das Jahr 1918.“)

2. Wie erlebt der Schüler Friedrich Schnittger den Ersten Weltkrieg, die militärische Niederlage Deutschlands 1918 und die Novemberrevolution? (Text 2)

6 „Den Nazis eine schallende Ohrfeige versetzen“, S. 23.

Vorschläge für Textausschnitte:

Text 2: S. 21ff. („Ein frühreifes Interesse aber hatte ich an der Politik…“)

Text 2: S.23f. („Seinen Höhepunkt fand dieses Schülerleben…“)

3. Erstelle eine Zeitleiste mithilfe deines Geschichtsbuches: Trage die wichtigsten Ereignisse des Krieges und der Nachkriegssituation ein (1914–1919). Ergänze diese Darstellung durch biographische Daten und Ereignisse aus dem Leben Schnittgers.

Wahlaufgaben:

3.1 Bereite eine Präsentation deiner Zeitleiste vor, in der du aus Sicht des jungen Schnittger darlegst, wie er und seine Mitschüler den Krieg und die militärische Niederlage erlebten.

3.2 Recherchiere in diesem Zusammenhang den Werdegang Horst Wessels, Jahrgang 1907. Wie lässt sich der Weg dieses „deutschen Schuljungen“ in den Nationalsozialismus erklären?

3.3 Suche in deinem Geschichtsbuch nach einer weiteren Quelle, die die Ereignisse vom Herbst 1918 widerspiegelt. Lässt sich diese Quelle mit den Beschreibungen Schnittgers vergleichen?

4. *Welche Folgerungen zieht der junge Schnittger aus dem Schock der deutschen Niederlage?* (Text 2)

> „… Ich stellte leidenschaftlich die Frage: Was ist denn Wahrheit? Wo ist der ruhende Pol in der Erscheinung Flucht? Die ganze Enttäuschung hinsichtlich der Ideale der Jugend brachte ich auf das Papier. Meine Entwicklung aber ging weiter… Ich kam in diesen Monaten immer mehr in ein radikales Fahrwasser. Jedenfalls erschien ich meiner Umwelt so. Meine Anschauungen lassen sich mit den beiden Begriffen Kommunismus und Anarchismus beschreiben. Dabei hatte ich nicht die geringste Verbindung zu irgendeiner Partei. Wenn ich heute meine Gedanken von damals durchdenke, so finde ich sie noch durchaus richtig. Es galt für mich, das Recht des einzelnen Menschen und das Recht der Gemeinschaft in das rechte Verhältnis zu bringen…“
>
> *Quelle: Lesebuch, S.24.*

- Kläre ggf. die Bedeutung der Begriffe *Kommunismus* und *Anarchismus*. Weshalb erscheinen diese politischen Ordnungen dem Jugendlichen so anziehend?
- Lies den Text (S. 19–31) weiter. Wie gelingt es dem jungen Schnittger, Fuß in der neuen Ordnung zu fassen? Führe unterstützende Personen und Situationen an, um deine Aussagen zu belegen.

5. *„Lehret den Anfänger“*: Entwickle in Zusammenarbeit mit dem Fachbereich Kunst Plakate gegen Militarismus, Fremdenfeindlichkeit und Gewalt.

Text: Konrad Reisner	Der Übergang von der Demokratie zur Diktatur	Anzahl der Unterrichtsstunden: 1–2
SekI/II	Die Machtergreifung durch die Nationalsozialisten	

„Der Naziterror beginnt“

Wie setzen die Nationalsozialisten ihre Macht durch?

Angaben zu Konrad Reisner: Er wird am 2. Januar 1908 in Breslau geboren, als Sohn eines Anwalts und einer bekannten französischen Konzertpianistin. Breslau gehörte damals noch zu Deutschland, heute ist die Stadt polnisch und heißt Wroclaw. Nach dem Abitur studiert er Jura in Berlin, Genf und Breslau. Ende März 1933, kurz vor seinem 2. Juristischen Staatsexamen muss er aus Deutschland fliehen, denn als engagierter Pazifist und Mitglied der Sozialistischen Arbeiterpartei (SAP) gilt er in den Augen der Nationalsozialisten als Verbrecher und Landesverräter. Er flieht über Prag nach Paris, wo ihn seine französische Großtante, eine Pariser Ärztin, bei sich aufnimmt. Mit dem Tag seiner Ankunft in Paris im April 1933 setzt er seine gegen die Nationalsozialisten gerichtete politische Arbeit im Rahmen der *Französischen Liga für Menschenrechte* fort. In den Jahren 1933–36 gehört er zur kleinen Gruppe des deutschen Exils, die in der Nobelpreiskampagne für Carl von Ossietzky eine führende Rolle spielte. Konrad Reisner überlebt die Verfolgung durch die Gestapo im besetzten Frankreich; es gelingt ihm, gemeinsam mit seiner Frau Else in die USA zu fliehen.

Historische Einordnung: Nach dem gescheiterten Putsch vom 8./9. November 1923 beschließt Hitler, die Weimarer Demokratie auf legalem Weg über Wahlen zu zerschlagen, zunächst mit nur geringem Erfolg. Bei den Reichstagswahlen vom Mai 1928 erzielt die NSDAP 2,6% der Stimmen und damit 12 der insgesamt 491 Mandate. Erst vor dem Hintergrund der einsetzenden Weltwirtschaftskrise scheint Hitlers Kalkül aufzugehen. Aus der Reichstagswahl vom September 1930 geht die NSDAP mit 18,3 % der Stimmen und 107 von 577 Sitzen als zweitstärkste Fraktion nach der SPD hervor. Im 2. Wahlgang der Reichspräsidentenwahl im Frühjahr 1932 gelingt dem Kandidaten Hitler mit 36,8 % der Stimmen ebenfalls ein beachtlicher Erfolg. Bei den vorgezogenen Reichstagswahlen Ende Juli 1932 kann die NSDAP ihr Ergebnis von 1930 mehr als verdoppeln und löst mit 230 von 608 Mandaten die SPD als stärkste Fraktion ab.

In dieser Situation versuchen die Parteien der Mitte, das Zentrum und die Bayrische Volkspartei (BVP), die zusammen mit der NSDAP über eine parlamentarische Mehrheit verfügen, die NSDAP in die Regierungsarbeit einzubinden, eine Lösung, die u.a. daran scheitert, dass Hitler seine Ernennung als Chef eines Präsidialkabinetts und nicht als parlamentarischer Regierungschef fordert

und dass die Ergebnisse der Reichstagswahlen vom November 1932 eine nationalsozialistisch-katholische Koalition mit nur noch 286 von 584 Mandaten ausschließen.
Hitlers Weg an die Macht wird auch durch eine Entwicklung begünstigt, die den Reichstag seit dem Rücktritt der Regierung Müller im März 1930 als Ort der politischen Entscheidung ausschaltet und die politische Macht auf den Reichspräsidenten verlagert. Die Präsidialkabinette Brüning, Papen und Schleicher sind vom Reichspräsidenten abhängig, ohne Mehrheit im Parlament. Am 30. Januar 1933 wird Hitler von Reichspräsident Hindenburg zum Reichskanzler ernannt, ausgestattet mit den präsidialen Vollmachten des Artikels 48 der Weimarer Verfassung.

Materialien:
- Ernst Toller-Zitat (Lesebuch S.124)
- Lesebuch S. 114–119 („Im Anschluss an das erste Staatsexamen…“);
S. 121–124 („Ich war von dem Mut…“);

Möglicher Einstieg: Ernst Toller-Zitat (Lesebuch S. 124) – Formulierung des Problems

Arbeitsaufträge:

1. Weshalb engagiert sich Konrad Reisner politisch? Welche Motive begründen sein Handeln?
2. Zum politischen Leben in den Jahren 1930–1933:

- Liste die in den Textauszügen genannten Aktivitäten der folgenden politischen Gruppierungen auf.

Stahlhelm	Deutsche Friedensgesellschaft (Breslau)	Reichsbanner Schwarz-Rot-Gold

⇒ *Welche Ziele verfolgen sie jeweils?*

- Gleiche die Informationen aus dem Text mit der Darstellung in deinem Geschichtsbuch ab.

3. Eine Einschätzung des Zeitgenossen Ernst Toller:

⇒ Beurteile Tollers Warnung.

⇒ Hätte man deiner Meinung nach Hitler „regieren lassen“ sollen?

Text: Laureen und Rudi Nussbaum	Thema: Inneres und äußeres Exil in der Diktatur	Anzahl der Unterrichtsstunden: 2–3
Sek I	Erfahrungen mit Ausgegrenztsein und Exil	

Der Verlust von Identität und Heimat

Vergleich der Erfahrungen Rudi und Laureen Nussbaums mit denen Victor Klemperers

Angaben zu Victor Klemperer (A): Er wird 1881 als Sohn eines Rabbiners geboren. „Ich fühlte mich nicht als Jude, nicht einmal als Deutscher Jude, sondern als Deutscher schlechthin.“[7] Trotz der Position seines Vaters spielen jüdische Kultur und Religion in seinem Elternhaus keine besondere Rolle. Es enttäuscht ihn, dass er nach Studium und Habilitation keinen Ruf an eine deutsche Universität erhielt. Am Ersten Weltkrieg nahm er als Kriegsfreiwilliger teil. – Er arbeitet als Romanist an der Technischen Universität Dresden, wird aber 1935 aufgrund seiner jüdischen Herkunft seines Amtes enthoben. Über die Erlebnisse im nationalsozialistischen Alltag führt er genauestens Tagebuch, um sie der Nachwelt[8] zu erhalten.

Angaben zu Laureen Nussbaum (B): Sie kommt als Hannelore Klein am 3. August 1927 in Frankfurt am Main auf die Welt. Wie die Familie ihres späteren Mannes, Rudi Nussbaum, gehören die Kleins zu den liberalen und progressiven jüdischen Kreisen der Stadt. 1936 verlässt dic Familic Deutschland und geht ins holländische Exil nach Amsterdam. Während Hannelore Klein und ihre beiden Schwestern sich sehr schnell in Holland einleben, fällt den Eltern die Umstellung schwer. Doch mit der Familie Nussbaum treffen sie alte Bekannte aus der Frankfurter Zeit wieder, und man hilft sich gegenseitig bei dem Aufbau einer neuen Existenz.

Angaben zu Rudi Nussbaum (C): Der am 21. März 1922 in Fürth (Bayern) geborene Rudi Nussbaum verbringt die ersten Lebensjahre in seiner Geburtsstadt. 1931 zieht die Familie nach Frankfurt am Main, wo der Vater im Zentrum der Stadt eine Apotheke eröffnet.

Im Angesicht der unmittelbar nach der Machtergreifung der Nationalsozialisten einsetzenden Diskriminierung und Entrechtung der jüdischen Mitbürger verlässt die Familie Nussbaum 1936 Deutschland, geht zunächst nach Italien und dann, zwei Jahre später, ins holländische Exil nach Amsterdam. Dort begegnen sie mit der Familie Klein alten Bekannten wieder, und man unterstützt sich gegenseitig beim Aufbau einer neuen Existenz.

In den ersten Jahren des holländischen Exils hilft Rudi Nussbaum dem Vater in der Drogerie, die

7 Victor Klemperer, Curriculum Vitae. Erinnerungen eines Philologen 1881–1918. Berlin 1989. Bd. I, S. 248.
8 Victor Klemperer, Ich will Zeugnis ablegen bis zum letzten. Tagebücher 1933–1945. Berlin 1995.

dieser gepachtet hatte. Erst seit 1939 besucht er wieder eine Schule, um sich als Schiffsingenieur ausbilden zu lassen.

Materialien:
A: Victor Klemperer: Auszüge aus Victor Klemperer, „Ich will Zeugnis ablegen bis zum letzten. Tagebücher 1933–1945." Herausgegeben von Walter Nowojski. Berlin 1996[8]. (Q1–4)
B: Laureen Nussbaum: Lesebuch S. 231–234
C: Rudi Nussbaum: Lesebuch S. 227–231
Laureen und Rudi Nussbaum in den USA: Lesebuch S. 295–303

Arbeitsaufträge für alle:

1. Wähle eine der Personen aus (A, B, C), lies die angegebenen Textauszüge und bearbeite die Fragen 1, 2 und 3.

2. Trage die Ergebnisse deiner Gruppe vor. Erstellt im Anschluss gemeinsam eine Tabelle zu Frage 3.

3. Bearbeitet in eurer Gruppe die Arbeitsaufträge zu „Laureen und Rudi in den USA".

4. Erstellt mithilfe eurer Aufzeichnungen ein Plakat zum Thema „Identität und Heimatverlust", auf dem alle drei Personen dargestellt werden.

Arbeitsaufträge: *Victor Klemperer* (Materialien im Anhang)

1. Beschreibe, wie sich die Welt für die Juden, die noch in Deutschland lebten, allmählich einengte. Welche Auswirkungen betreffen Victor Klemperer direkt? (Q 1)
2. Analysiere, wie Klemperer über das Schicksal der Juden berichtet (Q2, Q3) und wie er mit den täglichen Schicksalsmeldungen umgeht. (Q 4)
3. Nach der Präsentation aller Arbeitsgruppen: Wie geht Victor Klemperer mit seiner Lebenssituation um? Vergleiche dies mit Laureens und Rudis Darstellung. Beziehe dich auf folgende Aspekte:
   - inneres und äußeres Exil (in Deutschland, der Schweiz und Holland/in Amsterdam)
   - Widerstand (Maßnahmen)
   - Existenz- und Lebensbedrohung (durch die Nationalsozialisten)

Arbeitsaufträge: *Laureen Nussbaum* (Lesebuch S. 231–234)

1. Beschreibe, wie Laureen Nussbaum das Leben in Amsterdam wahrnimmt. Unterscheide zwischen ihrer Perspektive als Kind und der ihrer Eltern. Lege dazu eine Tabelle an.
2. Analysiere, wie sie über ihr Schicksal berichtet. Achte dabei besonders auf die Wortwahl und die Ausdrucksweise.

3. Nach der Präsentation aller Arbeitsgruppen: Wie geht Laureen Nussbaum mit ihrer Lebenssituation um? Vergleiche dies mit Victor Klemperers und Rudi Nussbaums Darstellung. Beziehe dich auf folgende Aspekte:
   - inneres und äußeres Exil (in Deutschland, der Schweiz und Holland/in Amsterdam)
   - Widerstand (Maßnahmen)
   - Existenz- und Lebensbedrohung (durch die Nationalsozialisten)

Arbeitsaufträge: *Rudi Nussbaum* (Lesebuch S. 227–231)

1. Beschreibe, wie Rudi das Leben in Frankfurt und der Schweiz wahrnimmt. Welche Auswirkungen betreffen ihn bzw. seine Eltern direkt? Lege dazu eine Tabelle an.
2. Analysiere, wie er über ihr Schicksal berichtet. Achte dabei besonders auf die Wortwahl und die Ausdrucksweise.
3. Nach der Präsentation aller Arbeitsgruppen: Wie geht Rudi Nussbaum mit seiner Lebenssituation um? Vergleiche dies mit Victor Klemperers und Laureen Nussbaums Darstellung. Beziehe dich auf folgende Aspekte:
   - inneres und äußeres Exil (in Deutschland, der Schweiz und Holland/in Amsterdam)
   - Widerstand (Maßnahmen)
   - Existenz- u. Lebensbedrohung (durch die Nationalsozialisten)

Arbeitsauftrag nach der Präsentation und Bearbeitung von Aufgabe 3:

Laureen und Rudi Nussbaum in den USA (Lesebuch S. 295–303)

1. Bewertet, ob die Nussbaums in den USA schließlich eine neue Heimat gefunden haben? Berücksichtigt dabei auch ihr gesellschaftliches Engagement. (S. 296f.)
2. Analysiert die Veränderung von Rudi Nussbaums „Deutschland-Bild“. Welches Ereignis hat dazu maßgeblich beigetragen? (S. 301f.)

Materialien (Victor Klemperer)

Q 1: 1942: 2. Juni, Dienstag gegen Abend.

„Neue Verordnungen in judaeos [gegen die Juden]. Der Würger wird immer enger angezogen, die Zermürbung mit immer neuen Schikanen betrieben. Was ist in diesen letzten Jahren alles an Großem und Kleinem zusammengekommen! Und der kleine Nadelstich ist manchmal quälender als der Keulenschlag. Ich stelle einmal die Verordnungen zusammen: 1) Nach acht oder neun Uhr abends zu Hause sein. Kontrolle! 2) Aus dem eigenen Haus vertrieben. 3) Radioverbot, Telefonverbot. 4) Theater-, Kino-, Konzert-, Museumsverbot. 5) Verbot, Zeitschriften zu abonnieren oder zu kaufen. 6) Verbot zu fahren; (dreiphasig: a) Autobusse verboten, nur Vorderperron der Tram erlaubt, b) alles Fahren verboten, außer zur Arbeit, c) auch zur Arbeit zu Fuß, sofern man nicht 7 km entfernt wohnt oder krank ist (aber um ein Krankheitsattest wird schwer gekämpft). Natürlich auch Verbot der Autodroschke. 7) Verbot, ‚Mangelware' zu kaufen. 8) Verbot, Zigarren zu kaufen oder irgendwelche Rauchstoffe. 9) Verbot, Blumen zu kaufen. 10) Entziehung der Milchkarte. 11) Verbot, zum Barbier zu gehen. 12) Jede Art Handwerker nur nach Antrag bei der Gemeinde bestellbar. 13) Zwangsablieferung von Schreibmaschinen, 14) von Pelzen und Wolldecken, *15)* von Fahrrädern — zur Arbeit darf geradelt werden (Sonntagsausflug und Besuch zu Rad verboten), 16) von Liegestühlen, 17) von Hunden, Katzen, Vögeln. 18) Verbot, die Bannmeile Dresdens zu verlassen, 19) den Bahnhof zu betreten, 20) das Ministeriumsufer, die Parks zu betreten, 21) die Bürgerwiese und die Randstraßen des Großen Gartens (Park- und Lennestraße, Karcherallee) zu benutzen. Diese letzte Verschärfung seit gestern erst. Auch das Betreten der Markthallen seit vorgestern verboten. 22) Seit dem 19. September der Judenstern. 23) Verbot, Vorräte an Eßwaren im Hause zu haben. (Gestapo nimmt auch mit, was auf Marken gekauft ist.) 24) Verbot der Leihbibliotheken. 25) Durch den Stern sind uns alle Restaurants verschlossen. Und in den Restaurants bekommt man immer noch etwas zu essen, irgendeinen ‚Stamm', wenn man zu Haus gar nichts mehr hat. Eva sagt, die Restaurants seien übervoll. 26) Keine Kleiderkarte. 27) Keine Fischkarte. 28) Keine Sonderzuteilung wie Kaffee, Schokolade, Obst, Kondensmilch. 29) Die Sondersteuern. 30) Die ständig verengte Freigrenze. Meine zuerst 600, dann 320, jetzt 185 Mark. 31) Einkaufsbeschränkung auf eine Stunde (drei bis vier. Sonnabend zwölf bis eins). Ich glaube, diese 31 Punkte sind alles. Sie sind aber alle zusammen gar nichts gegen die ständige Gefahr der Haussuchung, der Mißhandlung, des Gefängnisses, Konzentrationslagers und gewaltsamen Todes."

Anmerkungen und Erläuterungen:

Zeile 3: Perron – Plattform der Straßenbahn (veralteter Begriff)

Q2: 1942: 8. Mai, Freitagmittag

„Auf dem Wasaplatz zwei grauhaarige Damen, etwa sechzigjährige Lehrerinnen, wie ich sie oft in meinen Vorlesungen und Vorträgen antraf. Sie bleiben stehn, die eine kommt mit ausgestreckter Hand auf mich zu, ich denke: eine alte Hörerin, und lüfte den Hut. Ich kenne sie aber doch nicht, und sie stellt sich auch nicht vor. Sie schüttelt mir nur lächelnd die Hand, sagt: ‚Sie wissen schon, warum!' und geht fort, ehe ich ein Wort finde. Solche Demonstrationen (gefährlich für beide Teile!) sollen des öftern stattfinden. Gegenstück zum neulichen: ‚Warum lebst du noch, du Lump!?‘ Und dies beides in Deutschland und mitten im 20. Jahrhundert.“

Q3: 1943: 30. Januar, Sonnabend spätnachmittag

„Gegen die Juden wird maßlos gehetzt — aber die schlimmsten Maßnahmen gegen sie werden vor den Ariern verheimlicht. Selbst nahestehende Leute kennen weder die kleinen Schikanen noch die grausigen Morde. Frau Eger sagte neulich: ‚Das ist das Schrecklichste für mich, daß die Leute immer sagen: Etwas muß ihr Mann gemacht haben, man tötet doch niemanden ohne Grund!‘ (Ich kenne etwas noch Schrecklicheres, daß nämlich in solchem Fall auch Juden sagen: ‚Etwas wird er sicher getan haben, den Stern verdeckt oder nach acht auf der Straße gewesen.‘)“

Q4: 1942: 30. Oktober, Freitagvormittag

„Heute morgen […] sagt mir Frau Ziegler, sie müsse es mir mitteilen, weil wir doch mit den Leuten befreundet seien, aber ich dürfte sie um Himmelswillen nicht verraten, offiziell sei er ‚krank‘ — also gestern sei der Vorsteher Hirschel […] zur Gestapo gerufen worden […]. Den Grund der Verhaftung kennt man wieder nicht. […] Bei alledem habe ich selber immer nur das Gefühl der Sensation, der wachsenden Spannung und dazu, stärker, die Beklemmung der Todesangst. Mir vorstellen, was so naheliegt, daß morgen, daß heute ich verhaftet bin, und Eva und ich sind an der Stelle der Hirschels — es ist unausdenkbar gräßlich, mit keiner Erinnerung an Flandern, mit keiner je durchlebten Todesangst zu vergleichen. Und doch vermag ich diese Aufzeichnungen hier nicht zu unterlassen. Tapferkeit? Eitelkeit? Fatalismus? Recht oder unrecht? — Das Seltsamste: All das schüttelt mich immer nur minutenlang: dann schmeckt wieder das Essen, die Lektüre, die Arbeit. […]“

Anmerkungen und Erläuterungen:

Zeile 3: Gestapo – im NS-Staat Abkürzung für Geheime Staatspolizei, die politische Polizei, die seit 1933 gegen politische Gegner vorging, beispielsweise durch Verhaftungen und Einweisung in Arbeits- und Konzentrationslager.

Zeile 7: Flandern – Klemperer bezieht sich hier auf seine Erfahrungen als Soldat im Ersten Weltkrieg.

Text: Laureen und Rudi Nussbaum	Thema: Verfolgung und Vernichtung	Anzahl der Unterrichtsstunden: 2–3
Sek I	Juden-Rettungsaktion	

„Calmeyers Listen“

Hans Calmeyer und die Judenrettung

Skizze der Vorgeschichte:

Anfang Mai 1940 überfallen deutsche Truppen die neutralen Niederlande, besetzen das Land und errichten ein ziviles Besatzungsregime, das „Reichskommissariat für die besetzten Niederlande“. Wenig später beginnt auch in Holland die Entrechtung, Verfolgung und schließlich Vernichtung der jüdischen Bewohner des Landes. Im Januar 1941 ordnen die deutschen Besatzungsbehörden in der sog. VO 6/41 die Erfassung der jüdischen Bevölkerung in Melderegistern an. Anfang Juli 1942 werden die ersten Meldebefehle zum „Arbeitseinsatz im Osten“ an Juden im Alter von 16–40 Jahren versandt.

Einen solchen Meldebefehl erhält auch Margot Klein, die ältere Schwester von Laureen Nussbaum (damals Hannelore Klein). Die Familie Klein war 1936 im Angesicht der unmittelbar nach der Machtergreifung der Nationalsozialisten einsetzenden Diskriminierung und Verfolgung der jüdischen Mitbürger aus Deutschland in das holländische Exil nach Amsterdam geflohen.

Angaben zu Hans Calmeyer:

Er wird am 23. Juni 1903 als jüngster Sohn von Elisabeth und Rudolf Calmeyer in Osnabrück geboren. Die Mutter stammt aus einer alteingesessenen Osnabrücker Familie, der Vater ist Richter und hat in diesem Beruf eine steile Karriere vor sich. Hans Calmeyer studiert Jura in Freiburg, Marburg, München und Jena und lässt sich Anfang 1931 als Anwalt in Osnabrück nieder. Als kapitalismuskritischer Linksliberaler ist Hans Calmeyer ein erklärter Gegner der Nationalsozialisten. 1933/34 wird ihm zeitweise die Berufserlaubnis wegen „Betätigung im kommunistischen Sinne“ entzogen.

1939 wird Hans Calmeyer zur Wehrmacht eingezogen und nimmt 1940 als Soldat am Feldzug gegen die Niederlande teil. Im März 1941 wird er aus der Wehrmacht entlassen und arbeitet bis zum Ende des Krieges als Jurist in der Verwaltung des besetzten Landes, zuständig für die Durchführung der Meldeverordnung vom 10. Januar 1941 (VO 6/41). Hier steigt er bis zum Leiter der „Entscheidungsstelle“ für Fragen der jüdischen Abstammung auf.

Materialien: Lesebuch - Text 1: S. 256 (Verordnung) - Text 2: S.255–259 („Wie sah das für meine Familie im Sommer 1942 aus?…“; *Laureen*) evtl. Kurzinformation im Anhang, S. 315 - Text 3: Peter Niebaum, *Hans Calmeyer – ein „anderer Deutscher“ im 20. Jahrhundert.* Berlin 2011. S.18f., S. 192–195.	**Zusatzmaterialien:** Bilder und Namensschilder (nicht zugeordnet) Seite der Hans-Calmeyer-Stiftung (www.hans-calmeyer.de)

Einstieg:

Fotoreihe verschiedener Personen, die dem Widerstand im Nationalsozialismus zugerechnet werden (z.B. Sophie und Hans Scholl – Georg Elser – Hans Calmeyer – Herbert Baum – Dietrich Bonhoeffer – Otto und Elise Hampel)

⇒ Namensschilder

⇒ *Ordne die Namen den abgebildeten Personen zu. Was zeichnet diese Personen aus?*

Arbeitsaufträge:

1. Wer wurde in der Meldeverordnung VO 6/41 von den deutschen Besatzungsbehörden als jüdisch eingestuft? (Text 1)

2. Zwischen 1941 und 1944 gehen mehr als 5000 Anträge auf Abstammungsüberprüfung bei der „Entscheidungsstelle für Zweifelsfälle der Abstammung gemäß VO 6/41“ ein, deren Leiter Hans Calmeyer ist. Etwa 3000 Fälle werden zugunsten der Antragsteller entschieden.
⇒ *Wie war dieses Rettungswerk möglich? Wie ging Hans Calmeyer vor?* (Texte 2 und 3)

3. In der Gedenkstätte „Stille Helden“ in Berlin, die Menschen gewidmet ist, die während der Nazi-Diktatur Widerstand gegen die Judenverfolgung leisteten, wird auf das Rettungswerk Hans Calmeyers nur mit einem kurzen Beitrag hingewiesen.
⇒ *Verfasse einen eigenen Beitrag über das Rettungswerk Hans Calmeyers und schicke diesen an die Leiterin der Gedenkstätte Frau Dr. Beate Kosmala, Rosenthaler Str. 39,10178 Berlin.*

Materialien:

Text 3

Diese Tätigkeit (für die deutschen Besatzungsbehörden in Den Haag) besteht zunächst darin, die bis März eingegangenen Meldebögen jüdischer Einwohner der Niederlande zu bearbeiten und auszuwerten …

Calmeyer beginnt sogleich damit, „Paradefälle“ – wie er sie bei sich nennt – zu sammeln, etwa solche, in denen sich Bürger – aus Liebe zu einem Partner, aus Solidarität mit Betroffenen – als jüdisch ausgegeben haben, die gar keine Juden sind. In anderen Fällen liegen Komplikationen vor, wenn etwa jemand zwar der Konfession, nicht aber der „Rasse" nach jüdisch ist, Wirren, die zu den – nicht sehr logischen – deutschen „Rassegesetzen" nicht passen oder in unverständliche, rational kaum vermittelbare Probleme führen müssten. Seine Berichte sind in einer Sprache der „Meldefreudigkeit" abgefasst und loben das „instinktive Rasse-Selbstbewusstsein des Niederländers"; weniger „Mischlinge" gebe es als im Reich, überhaupt auch weniger Juden als bisher angenommen – die seien geradezu eine schnell aussterbende Bevölkerungsgruppe. Camouflage, Mimikry, Eulenspiegelei: Hans Calmeyer. Rund 140.000 Personen – angeblich – voll- oder teiljüdischer Abstammung haben sich zwischen Januar und März gemeldet.

Calmeyer vergleicht die VO 6/41 mit Regelungen, die im besetzten Belgien und in Deutschland gelten – und stößt auf Ungereimtheiten. Ein Geniestreich gelingt ihm mit seinem „Vermerk betreffend das Problem praesumtio iuris et de iure" vom 16. Juni 1941... Calmeyer nennt hier Beispiele, in denen ein nur formales (zudem im niederländischen Recht nicht bekanntes) Rechtsvermuten auf jüdische Herkunft glatt in die Irre führt – und plädiert für die Möglichkeit eines Gegenbeweises (der nach den deutschen Rassegesetzen nicht zulässig ist).

Mit diesem juristischen Winkelzug beginnen Calmeyers Listen – allesamt darauf angelegt, jüdischen oder teiljüdischen Menschen in den Niederlanden Auswege aus der drohenden Verfolgung zu eröffnen. Er wird Urteile niederländischer Zivilgerichte über die Zugehörigkeit zu Religionsgemeinschaften sowie eidesstattliche Erklärungen als Beweismittel anerkennen – und sich auch damit durchsetzen. Die nun gegebene Möglichkeit zum „Beweis" gegen eine bisher nach Aktenlage vermutete jüdische Herkunft lässt eine „Entscheidungsstelle für Zweifelsfälle der Abstammung gem. VO 6/41" entstehen. Diese Einrichtung wird äußerst folgenreich. Ihr Leiter: Hans Calmeyer.

Mehr als 5000 Anträge auf Abstammungsüberprüfung gehen in den folgenden Jahren ein. Solange die Prüfung andauert, sind die Petenten auf Calmeyers „Rückstellungslisten" und mit dem entsprechenden Stempel im Ausweispapier zumindest vor der Deportation einigermaßen zuverlässig geschützt. Ausnahmen bestätigen die Regel. Der SD schreckt vor Übergriffen nicht zurück ...

Was vor diesem Hintergrund schnell aufblüht, ist eine regelrechte Fälschungsindustrie. Man besorgt alte Papiere, falsche Stempel, chemisch gealterte Tinte, fälscht Kirchenbücher und andere Urkunden – Pastoren, Standesbeamte usw. wirken dabei mit. Rund 95% der Calmeyer und seinen Mitarbeitern vorgelegten „Dokumente“ sind Fälschungen. Bei den Betroffenen entsteht geradezu der Eindruck, bei der Dienststelle „Dr. Kallmeyer“ können man „sich arisieren lassen“.

Quelle :Peter Niebaum, Hans Calmeyer – ein „anderer Deutscher im 20. Jahrhundert. Berlin 2011. S. 18F

Text 3 (Fortsetzung)

In seinen Kontakten mit holländischen Rechtsanwälten ließ er (Hans Calmeyer) keinen Zweifel an seiner Einstellung aufkommen. Er war entschieden gegen die deutsche Politik gegenüber den Juden, ja, er verabscheute sie geradezu. In seinen Mitarbeiterstab berief er Personen, die sich mit dieser Einstellung identifizieren konnten. [...]
Bereits im ersten Monat nach seinem Amtsantritt legte Calmeyer ein Memorandum vor, in dem er eine Tür zur Rettung von Juden aufzureißen versuchte. Er argumentierte, daß die Registrierungsverordnung der holländischen Juden auf dem in Deutschland geltenden Gesetz begründet war. Darin war festgelegt worden, daß ein Großelternteil jüdisch war, wenn dessen Eltern Juden waren, falls sie einer jüdischen Gemeinde angehört hatten; nach dem deutschen Gesetz gab es keine Möglichkeit, gegen diese Festlegung Einspruch zu erheben und z.B. zu argumentieren, daß eine Person, die Mitglied einer jüdischen Gemeinde war, der Rasse gemäß Arier war bzw. daß seine Zugehörigkeit nur kurzfristig bestand (z.B.: ein Kind, das in der jüdischen Gemeinde eingetragen war, aber bald wieder ausgeschieden ist). In Deutschland allerdings hatte der Führer kraft Gesetz das Recht, diese Bestimmung aufzuheben; eine solche Möglichkeit gab es in der Verordnung für Holland nicht, und darum hatte es schwerwiegende Folgen für die Personen, die keine rassische Beziehung zum Judentum und sich sogar mit der nationalsozialistischen Weltanschauung identifiziert hatten. Aus diesem Grund schlug er vor, daß es, im Gegensatz zur deutschen Gesetzgebung zulässig war, gegen die Festlegung des Jüdischseins der Großeltern Einspruch einzulegen. Seine Vorgesetzten stimmten diesem Vorschlag (sicherlich nach Beratung mit Seyß-Inquart, dem nationalsozialistischen Statthalter) zu. Seyß-Inquart war natürlich der Meinung, daß es sich um eine begrenzte Anzahl von Fällen handelte, bei denen die Negativ-Entscheidung auch ein unliebsames Echo in den Kreisen haben könnte, um deren Sympathie man werben wollte. Calmeyer verwandelte das Recht auf Widerspruch allerdings in ein Instrument zur Rettung von Juden. Ganz besonders, als die Deportationen begannen, deren Ziel ihm wohlbekannt war. Nachdem die Registrierung in einzelnen Fällen annulliert worden war, machte unter den

Rechtsanwälten das Gerücht über Calmeyers Einstellung sehr bald die Runde. In der ersten Phase stellte die Annullierung der Registrierung die Verwandlung eines Volljuden in einen Halbjuden, einen Vierteljuden oder gar in einen Arier dar. Es kam vor, dass für eine solche Person die antijüdischen Verordnungen nicht galten. Um den Widerspruch zu begründen, waren Unterlagen nötig, die beweisen konnten, dass die Väter und Mütter des Antragstellers nicht jüdisch waren bzw. daß der Anteil jüdischen Blutes, das in seine Adern floß, kleiner war als es aufgrund des auszufüllenden Formulars gemäß Registrierungsverordnung schien. [...]

Sehr bald stellte sich heraus, daß Calmeyers Amt bereit war, nicht nur klare Fälle, die sich auf authentische Dokumente beriefen, anzuerkennen, sondern auch mündliche Zeugenaussagen, die in der Tat nicht ganz stichhaltig waren, wie z.B. die Aussage eines alten Mannes, der erzählte, daß im Dorf Gerüchte im Umlauf waren, wonach die Großmutter des Antragstellers von einem Arier geschwängert worden war und daß das Kind vom Ehemann der Großmutter adoptiert worden war. „Ich wusste nicht", bemerkte Wander (ein Mitarbeiter Calmeyers) bei einer Gelegenheit im Scherz, „daß die jüdischen Frauen dermaßen unmoralisch waren." Es entstand eine regelrechte Dokumentenfälschungsindustrie: Geburtsurkunden, Heiratsurkunden, Taufscheine usw. – selbstverständlich war es wichtig, dafür zu sorgen, daß die Schrift, das Papier, die Formulierungen der jeweiligen Zeit entsprachen, in der die Dokumente angeblich ausgestellt waren. Calmeyer war praktisch dazu bereit, den Besitzer eines jeden Dokuments anzuerkennen, wenn er der Meinung war, daß er seine Entscheidung verteidigen konnte, falls er deswegen angegriffen würde. Bei seinen Entscheidungen verließ er sich immer mehr auf seine Intuition. All diejenigen, die von ihm anerkannt wurden (Arier, Halb- oder Vierteljuden), blieben von der Deportation verschont, obwohl sie nicht von den Verordnungen (ausgenommen: die „Arier"), die Juden betrafen, ausgenommen waren, z.B. dem Tragen eines gelben Judensterns. [...]

Quelle: Peter Niebaum, Hans Calmeyer – ein „anderer Deutscher" im 20. Jahrhundert. Berlin 2012. S. 192-194.

Else und Konrad Reisner	Thema: Verfolgung und Widerstand im Nationalsozialismus	Anzahl der Unterrichtsstunden: 2–3
Sek I	Else Reisner und ihr Widerstand gegen das NS-Regime	

Vorschlag Nr. 1

„Ich wollte den Rassenwahn der Nazis nicht mitmachen"

Else Reisner und ihre Motive, dem NS-Regime den Gehorsam zu verweigern

Angaben zu Else Reisner: Sie wird am 27. Oktober 1910 in Mannheim als Tochter eines Metallarbeiters geboren. Sie wächst in der sozialdemokratischen Tradition ihres Vaters auf und ist bereits als junges Mädchen in der Arbeiterjugend ihrer Heimatstadt aktiv. Später wird sie Mitglied der Mannheimer Jungsozialisten und erhält im Sommer 1930 die Möglichkeit, mithilfe eines Stipendiums an der Heimvolkshochschule Schloss Tinz (Thüringen), einer Bildungsstätte der jungsozialistischen Bewegung, zu studieren. 1931 heiratet sie den jüdischen Journalisten Heinrich Heilbrunn und zieht mit ihm nach Nürnberg – schon damals eine Hochburg der nationalsozialistischen Bewegung –, wo sie als Vorsitzende der dortigen Jungsozialisten und in Artikeln für die sozialdemokratische Presse ihre politische Arbeit fortsetzt.

Materialien: Lesebuch	**Zusatzmaterialien:**
- S.153–155 (Else; „Nach dem Reichstagsbrand Ende Februar…"); - S. 155 (Elses erster Ehemann Heinrich („Hein"); „Inzwischen wurden die Nachrichten immer schlimmer…"); - S.156–163 (Else und ihr erster Ehemann; „Aber dann fingen unsere Probleme erst richtig an …"); - S. 164–187 (Auszüge, Else)	Foto – Hamburger Werftarbeiter beim Stapellauf des neuen Schulschiffes der deutschen Marine „Horst Wessel" 1936

Einstieg: Foto – Hamburger Werftarbeiter 1936 (*siehe Abbildung 1 in diesem Vorschlag*)

Impuls: Suche diejenige Person auf dem Foto, die sich offensichtlich anders verhält als die restlichen Werftarbeiter. *Was zeichnet ihre Haltung aus?*

Arbeitsaufträge:

1. Beschreibt den Lebensweg Else Reisners bis zu ihrer Flucht aus Frankreich im September 1940.

⇒ Lest hierzu die angegebenen Textauszüge; geht arbeitsteilig vor, indem ihr das Material den einzelnen Lebensabschnitten entsprechend aufteilt.

⇒ Sammelt die Ergebnisse in einem Zeitstrahl.

⇒ Informiert euch gegenseitig über das Gelesene; bringt Else Reisners Lebensdaten mit der euch bekannten politischen Entwicklung in Verbindung.

Wahlaufgaben:

2.1 Else Reisner hat sich nach ihrer Entlassung aus siebenmonatiger KZ-Haft immer wieder für die Befreiung ihres ersten Mannes Heinrich Heilbrunn aus dem Konzentrationslager Dachau eingesetzt. Eines Tages wird sie bei einem „hohen Gestapo-Beamten" (S. *155)* vorgelassen.

⇒ Versetzt euch in ihre Lage – was denkt und fühlt sie in dieser Situation?
Schreibt einen „inneren Monolog".

2.2 Was hat Else Reisner eurer Ansicht nach bewogen, sich den Nazis zu widersetzen und dabei ihr Leben zu riskieren?

2.3 Welche Überzeugungen und Motive könnt ihr erkennen? Welche Rolle spielt ihr biographischer Hintergrund? Könnte sie ein Vorbild für euch sein?

3. *War Widerstand im Nationalsozialismus möglich?*
Welche Antwort gibt der Lebensweg Else Reisners auf diese Frage?

Abbildung 1: Hamburger Werftarbeiter beim Stapellauf des Schulschiffes „Horst Wessel“ 1936 (Bildquelle: Gedenkstätte Deutscher Widerstand, Berlin)

Else und Konrad Reisner	Thema: Verfolgung und Widerstand im Nationalsozialismus	Anzahl der Unterrichtsstunden: 2–3
Sek I	Else Reisner und ihr Widerstand gegen das NS-Regime	

Vorschlag Nr. 2

„Ich wollte den Rassenwahn der Nazis nicht mitmachen"

Else Reisner und ihre Motive, dem NS-Regime den Gehorsam zu verweigern

Angaben zu Else Reisner: Sie wird am 27. Oktober 1910 in Mannheim als Tochter eines Metallarbeiters geboren. Sie wächst in der sozialdemokratischen Tradition ihres Vaters auf und ist bereits als junges Mädchen in der Arbeiterjugend ihrer Heimatstadt aktiv. Später wird sie Mitglied der Mannheimer Jungsozialisten und erhält im Sommer 1930 die Möglichkeit, mithilfe eines Stipendiums an der Heimvolkshochschule Schloss Tinz (Thüringen), einer Bildungsstätte der jungsozialistischen Bewegung, zu studieren. 1931 heiratet sie den jüdischen Journalisten Heinrich Heilbrunn und zieht mit ihm nach Nürnberg – schon damals eine Hochburg der nationalsozialistischen Bewegung –, wo sie als Vorsitzende der dortigen Jungsozialisten und in Artikeln für die sozialdemokratische Presse ihre politische Arbeit fortsetzt.

Materialien: Lesebuch	**Zusatzmaterialien:**
- S.153–155 (Else; „Nach dem Reichstagsbrand Ende Februar…"); - S. 155 (Elses erster Ehemann Heinrich („Hein"); „Inzwischen wurden die Nachrichten immer schlimmer…"); - S.156–163 (Else und ihr erster Ehemann; „Aber dann fingen unsere Probleme erst richtig an …"); - S. 164–187 (Auszüge, Else)	Foto – Hamburger Werftarbeiter beim Stapellauf des neuen Schulschiffes der deutschen Marine „Horst Wessel" 1936

Arbeitsaufträge

1. Recherchiere in deinem Geschichtsbuch die Umstände des Reichstagsbrandes. Skizziere die Situation, in der sich Else Reisner im Februar 1933 befindet.
2. Wie sieht die Verfolgung durch Polizei und Gestapo aus, der Else Reisner ausgesetzt ist? Was weiß sie?
3. Wie kommt es zu Else Reisners Entlassung aus der KZ-Haft?
4. Welchen Entschluss fasst Else Reisner nach ihrer Anstellung bei der Ofenfirma (Lesebuch

S. 155). Versuche, ihre Entscheidung zu erklären.

5. Vergleiche Else Reisners politische Arbeit mit der Sophie Scholls. Ist sie eine Widerstandskämpferin?

Text: Laureen und Rudi Nussbaum	Thema: Verfolgung und Vernichtung im Nationalsozialismus	Anzahl der Unterrichtsstunden: 2–3
Sek I/II	Alltag im Konzentrationslager	

„Du darfst die Hoffnung nicht aufgeben"[9]

Das Schicksal der Eltern Rudi Nussbaums im Konzentrationslager Westerbork

Rudi Nussbaum: Er wird am 21. März 1922 in Fürth (Bayern) geboren. 1931 zieht die Familie nach Frankfurt am Main, wo der Vater im Zentrum der Stadt eine Apotheke eröffnet. Die Familie Nussbaum gehört zu den liberalen jüdischen Kreisen, die sich in der Frankfurter Westendsynagoge treffen.

Im Angesicht der unmittelbar nach der Machtergreifung der Nationalsozialisten einsetzenden Diskriminierung und Entrechtung der jüdischen Mitbürger verlässt die Familie Nussbaum 1936 Deutschland, geht zunächst nach Italien und dann, zwei Jahre später, ins holländische Exil nach Amsterdam. Dort begegnen sie mit der Familie Klein alten Bekannten aus der Frankfurter Westendsynagoge wieder, und man unterstützt sich gegenseitig beim Aufbau einer neuen Existenz.

In den ersten Jahren des holländischen Exils hilft Rudi Nussbaum dem Vater in der Drogerie, die dieser gepachtet hatte. Erst seit 1939 besucht er wieder eine Schule, um sich als Schiffsingenieur ausbilden zu lassen.

Skizze der Vorgeschichte: Anfang Mai 1940 überfallen deutsche Truppen die neutralen Niederlande, besetzen das Land und errichten ein ziviles Besatzungsregime. Wenig später beginnt auch in Holland die Entrechtung, Verfolgung und schließlich Vernichtung der jüdischen Bewohner des Landes. Als sein bester Freund Rolf im Juni 1941 verhaftet wird, beschließt der 19jährige Rudi Nussbaum unterzutauchen. Aus einem seiner Verstecke heraus organisiert er im November 1942 mithilfe des holländischen Widerstandes auch für seine Eltern eine Untertauchadresse, doch einen Tag, bevor sie zu dieser Adresse gebracht werden sollen, werden sie verhaftet und in das im Norden Hollands gelegene Konzentrationslager Westerbork transportiert. Dort wird der Vater von der deutschen KZ-Leitung in der Lagerapotheke beschäftigt, so dass er und seine Frau zunächst vor der Deportation in die Vernichtungslager geschützt sind.

Im Februar 1944 jedoch werden sie in das KZ Theresienstadt deportiert und wenige Monate später nach Auschwitz, wo der Vater unmittelbar nach seiner Ankunft in dem Lager ermordet wird. Rudi Nussbaums Mutter stirbt im Mai 1945 in Bergen-Belsen an Typhus, Hunger und Erschöpfung, noch nach der Befreiung des Lagers durch die Engländer. Rudi Nussbaum überlebt den Holocaust in

9 Zitat von Rudi Nussbaum, „Den Nazis eine schallende Ohrfeige versetzen" S. 249.

Holland, versteckt von Menschen, die ihr Leben aufs Spiel setzen, um das seine zu retten. Zu diesen Menschen gehören auch seine spätere Frau Laureen (Hannelore Klein) und ihre Familie.

Materialien: Lesebuch
- S. 248f. („Meine Eltern…“)
- S. 250 („Wer nicht untertauchen konnte…“)
- S. 250f. („Ich muss noch…“)
- S. 251f. („Das Lager Westerbork…“)
- S. 252–254 („Meine Eltern schrieben…“)
- Deportationsbescheid (Q1)

Arbeitsaufträge:

1. a) Informiert euch in eurem Geschichtsbuch über die Verfolgung und Vernichtung der Juden in Europa.
   b) Wie kommt es zur Deportation von Rudis Eltern?

2. Versetzt euch in die Lage der Menschen, die einen solchen Bescheid (Q1) erhielten:
   a) Welche Vorbereitungen mussten getroffen werden?
   b) Was geschah im Anschluss mit der Wohnung?

3. Erarbeitet in Gruppen folgende Themen – Stellt mit euren Ergebnissen eine Wandzeitung zusammen:

a) Lageralltag:	b) Lageralltag:	c) Lager:
Was wird über die täglichen Abläufe gesagt?	*Wie ist das Verhältnis der Menschen im Lager untereinander? Welche Besonderheiten unter den furchtbaren Umständen fallen auf?*	*Weshalb errichteten die Nationalsozialisten sog. „Konzentrationslager“?*

4. Was meint Rudis Mutter mit der Formulierung „Wir leben nicht mehr in jener sauberen, geordneten bürgerlichen Welt – wir sind in eine Unterwelt hinabgestiegen voll Modder, Elend und Schmutz.“ (S.252)? Finde weitere Formulierungen in den Briefen, die deine Überlegungen unterstützen.

5. Informiert euch darüber, wie man heute derjenigen jüdischen Menschen in Deutschland gedenkt, die im Zuge der nationalsozialistischen Vernichtungspolitik ermordet wurden.
a) Entwickelt ein eigenes Konzept, an Rudis Eltern zu erinnern.
b) Recherchiert zu den sog. „Stolpersteinen“ und entwerft einen solchen für Rudis Eltern.

Zusatzmaterial:

Q1 Deportation – *Vor der Deportation erhielten die Juden in Deutschland ein Schreiben folgender Art:*

„Es wird Ihnen hiermit eröffnet, dass Sie innerhalb von zwei Stunden Ihre Wohnung zu verlassen haben. Die beauftragten Beamten sind gehalten, bis Sie Ihre Koffer gepackt und Ihre Wohnung ordnungsgemäß hergerichtet haben, bei Ihnen zu bleiben und Sie alsdann zum Sammelplatz zu bringen. Sie werden ersucht, die Schlüssel an sämtlichen Behältnissen, Schränken usw. stecken zu lassen, ebenso die inneren Wohnungsschlüssel. Den Haus- und Korridorschlüssel haben Sie mit einem Bändchen und einem daran befestigten Stück Pappe zu versehen und Ihren Namen und Wohnung und Kennnummer darauf zu schreiben. Vor Verlassen der Wohnung ist das Ihnen ausgehändigte Vermögensverzeichnis genauestens ausgefüllt und unterschrieben abzugeben.

Sie haben mitzunehmen:

1. Zahlungsmittel RM 50,-
2. Rucksack oder Handgepäck mit Wäsche und sonstiges zur einfachen Lebensführung notwendiges Gerät.
3. Vollständige Bekleidung (es können auch zwei Mäntel und doppelte Unterwäsche angezogen werden)
4. Verpflegung für zwei Tage, Löffel, Teller oder Napf, Trinkbecher
5. Reisepass, Kennkarte, Arbeits- und sonstige Ausweispapiere sowie Lebensmittelkarten, Kartoffel- und Kohlenbezugsscheine. Sie dürfen nicht eingepackt werden, sondern sind von jeder Person bei sich zu führen. Nicht mitgenommen werden dürfen: Wertpapiere, Devisen, Sparkassenbücher usw. sowie Wertsachen jeder Art (Gold, Silber, Platin), ebenfalls kein lebendes Inventar. Der Ehering sowie eine einfache Uhr dürfen mitgenommen werden.

Außerdem haben Sie sich selbst ein Schild um den Hals zu hängen, auf dem Ihr Name und Geburtstag angegeben sind, sowie Ihre Kennnummer."

Zitiert nach: Thomas Berger-von der Heide et al. (Hg.), Entdecken und Verstehen 9/10. Geschichtsbuch für Brandenburg. Berlin 1999. S.126f.

Text: Else und Konrad Reisner	Der Zweite Weltkrieg	Anzahl der Unterrichtsstunden: 2–3
Sek I	Frankreich unter deutscher Besatzung	

Zwischen Widerstand und Kollaboration

Die Verfolgung der deutschen Emigranten im besetzten Frankreich

Angaben zu Else und Konrad Reisner: Beide sind bis zu ihrer erzwungenen frühen Flucht aus Deutschland im September 1934 bzw. März 1933 in der Arbeiter- und Friedensbewegung der Weimarer Republik aktiv, entschiedene Gegner der Nazis. Im französischen Exil in Paris setzen sie ihre gegen das Nazi-Regime gerichtete politische Arbeit fort. Nach einer ersten Internierungswelle zu Beginn des Zweiten Weltkrieges werden nach dem Überfall deutscher Truppen auf Frankreich in dem Land lebende Deutsche (und Österreicher) bis auf wenige Ausnahmen in Internierungslagern zusammengefasst. Else taucht mit Hilfe französischer Freunde in Südfrankreich unter; ihr Mann Konrad wird im „Camp de la Braconne" in Mittelfrankreich interniert. Beide gehören zu denjenigen Deutschen, zu deren Auslieferung sich Frankreich verpflichtet hatte.

Skizze der Vorgeschichte: Der Zweite Weltkrieg beginnt am 1. September 1939 mit dem Überfall auf Polen. Am 10. Mai 1940 erteilt Hitler den Befehl zum Angriff auf Frankreich. Unter Verletzung der Neutralität der Niederlande, Luxemburgs und Belgiens gelingt ein rascher Vormarsch der deutschen Truppen. Nach knapp sechs Wochen ist die militärische Niederlage Frankreichs besiegelt. Im deutsch-französischen Waffenstillstandsabkommen von 22. Juni 1940 wird Frankreich geteilt, in einen von Deutschland besetzten und von einer deutschen Militärverwaltung kontrollierten nördlichen Teil einschließlich der Hauptstadt Paris und der gesamten Atlantikküste und einen bis zum November 1942 unbesetzten südlichen Teil unter französischer Verwaltung, die in enger Kollaboration mit der deutschen Besatzungsmacht agiert. In Art. 19 des Vertrages verpflichtet sich Frankreich zur Auslieferung aller von der deutschen Regierung namhaft gemachter, auf französischem Territorium lebender Deutscher.

Materialien: Lesebuch S. 163–165 (Text 1)
S. 168–187 (Text 2)

Einstieg: *Was verstehst du unter „Fünfter Kolonne"?*

a) eine Formation der SA bei Parteitagen und Aufmärschen der NSDAP	b) die deutschen Medaillengewinner bei den Olympischen Spielen 1936 in Berlin
c) subversiv tätige Gruppen, deren Ziel der Umsturz der bestehenden politischen Ordnung eines Staates ist	d) die deutschen Truppen, die am 14. Juni 1940 in Paris einmarschiert sind.

Arbeitsaufträge für alle:

1. a) Warum werden nach dem Einmarsch deutscher Truppen in Frankreich Anfang Mai 1940 in dem Land lebende Deutsche in Internierungslagern zusammengefasst? (Text 1)

b) Wie schildert Konrad Reisner die Lebensbedingungen in diesen Lagern? (Text 1)

Wahlaufgaben:

2. Warum versucht Konrad Reisner einen Aufstand in seinem Internierungslager zu organisieren? Stellt diesen Vorfall in eurer Gruppe szenisch dar. (Text 2)

Vorschläge für Szenen:

a) Konrad Reisner ruft die politischen Flüchtlinge zu einer Versammlung am Lagertor auf; sie beraten über ihre Lage und beschließen, sich an den Lagerkommandanten zu wenden.

b) Das Wachpersonal berichtet dem Lagerkommandanten über den Vorfall; dieser befiehlt, ein Maschinengewehr vor dem Lagertor aufzustellen und erläutert diese Entscheidung.

3. Else und Konrad Reisner werden als politische Gegner der Nazis von der Gestapo gesucht. Die Flucht aus Frankreich ist die einzige Möglichkeit, ihr Leben zu retten. (Text 2)

a) Lest dazu die entsprechenden Textauszüge (Text 2) und notiert die einzelnen Stationen ihrer Flucht in die U.S.A.

b) Stellt ihren Fluchtweg mit Hilfe euch zur Verfügung stehenden Kartenmaterials auf einem Plakat dar. Überlegt, wie ihr den Verlauf des Fluchtweges am besten illustrieren könnt.

c) Welche Menschen haben den Reisners geholfen, der Verfolgung durch die Gestapo zu entkommen? Tragt ihre Namen und eine kurze Beschreibung ihrer Hilfe an der entsprechenden Stelle auf eurem Plakat ein.

4. „Frankreich hat seine Ehre verloren" (Lesebuch S. 180, Z. 6–9)

Diskutiert die Entscheidung eines französischen Beamten, Else Reisner das erforderliche französische Ausreisevisum zu erteilen, aber nicht zu unterschreiben.

Else und Konrad Reisner	Umgang mit der NS-Vergangenheit	Anzahl der Unterrichtsstunden: 2–3
Sek I/II	Leben und Überleben nach 1945	

Nach dem Ende des NS-Regimes

Ist eine Rückkehr zur Normalität möglich?

Angaben zu Konrad Reisner: Er wird am 2. Januar 1908 in Breslau geboren, als Sohn eines Anwalts und einer bekannten französischen Konzertpianistin. Breslau gehörte damals noch zu Deutschland, heute ist die Stadt polnisch und heißt Wroclaw. Nach dem Abitur studiert er Jura in Berlin, Genf und Breslau. Ende März 1933, kurz vor seinem 2. Juristischen Staatsexamen, muss er aus Deutschland fliehen, denn als engagierter Pazifist und Mitglied der Sozialistischen Arbeiterpartei (SAP) gilt er in den Augen der Nationalsozialisten als Verbrecher und Landesverräter. Er flieht über Prag nach Paris, wo ihn seine französische Großtante, eine Pariser Ärztin, bei sich aufnimmt. Mit dem Tag seiner Ankunft in Paris im April 1933 setzt er seine gegen die Nationalsozialisten gerichtete politische Arbeit im Rahmen der *Französischen Liga für Menschenrechte* fort. In den Jahren 1933–36 gehört er zur kleinen Gruppe des deutschen Exils, die in der Nobelpreiskampagne für Carl von Ossietzky eine führende Rolle spielte. Konrad Reisner überlebt die Verfolgung durch die Gestapo im besetzten Frankreich; es gelingt ihm, gemeinsam mit seiner Frau Else in die USA zu fliehen.

Materialien:
Lesebuch S. 188–191; S. 192–194 (Konrad Reisner)

Einstieg:

Material: *Else Reisner berichtet von ihrer Ankunft in den Vereinigten Staaten:*

Am 10. Oktober sind wir an der Freiheitsstatue im Hafen von New York vorbeigefahren. Wir haben sie begeistert begrüßt. Am nächsten Tag hat die „Nea Hellas“ in Hoboken, New Jersey angelegt. Wir wurden von vielen Freunden, die Amerika schon vor uns erreicht hatten, begrüßt. Ein wunderbares Gefühl.

Endlich waren wir wirklich sicher vor Verfolgung und Vernichtung, und unser Töchterchen war gesund. Wir hatten alles verloren; unsere einzigen Besitztümer waren eine Tüte mit Windeln und die Kleidung, die wir trugen, aber das hat uns nichts ausgemacht. Wir waren in einem freien Land, und das war das einzige, was zählte.

Quelle: „Den Nazis eine schallende Ohrfeige versetzen“, a.a.O., S. 187.

Arbeitsaufträge:

1. Erarbeite aus dem Text des Lesebuches, wie es den Reisners bei der Ankunft in den Vereinigten Staaten erging.
2. Arbeite mit deinem Geschichtsbuch: Wie ging das NS-Regime mit Gegnern um?
3. Skizziere ein Gespräch des Ehepaares Reisner, in dem die beiden über die Frage diskutieren, ob sie nach Deutschland zurückkehren sollen.
4. zu den Materialien 1 und 2: Formuliere anhand der in den Texten enthaltenen Erfahrungen und Ideen, wie deiner Meinung nach die Geschichte des Holocaust unterrichtet werden sollte.

Material 1: Interview mit Necla Kelek:

Wie Sie vielleicht wissen, bin ich in der Türkei geboren und 1967 mit zehn Jahren nach Deutschland gekommen und inzwischen deutsche Staatsbürgerin. Ich teile diese Biografie mit Tausend Anderen und muss mir die Frage stellen: Bin ich für das, was vor meiner Zeit in Deutschland zwischen 1933 und 1945 geschah, mitverantwortlich? Geht mich das, was vor Jahrzehnten in der Türkei geschah und heute geschieht, noch etwas an? Viele meiner türkischen Landsleute, vor allem die Jüngeren, leben heute in einer Art selbstgewähltem geschichts- und verantwortungslosen Zustand. Die Geschichte und Verhältnisse in der Türkei kennen sie nicht und können sie nicht beeinflussen. Sie wollen sich die ferne Heimat nicht schlechtreden lassen, protestieren in einer Art kollektiven Reflexes, wenn man in dunkle Vorgänge der Geschichte Licht bringen will. Mit der deutschen Geschichte haben sie auch nichts zu tun. Die, die keinen deutschen Pass haben, können nicht wählen, können oder wollen keine Verantwortung übernehmen und sind faktisch Opfer einer Politik, die andere für sie machen. Und so kommt es zu der verbreiteten Haltung: Schuld sind immer die anderen, im Zweifelsfall die Deutschen. Der Migrant ist das Mündel, das abhängig gehalten wird – auch von den eigenen Leuten. Ja, die Opferrolle wird von der türkischen Politik geradezu zelebriert. Es ist ein schlimmer Zustand, auf diese Weise in einer Art geschichtlichen Amnesie zu leben. Viele Migranten und auch die türkische Gesellschaft leben in einer infantilen Gesellschaft, die sich nicht ihrer historischen und gesellschaftlichen Verantwortung stellt und damit zur Generation ohne Geschichte wird.

Für uns in Deutschland lebende Bürger gibt es aber eine Möglichkeit, sich aus dieser Haltung zu befreien: Man hört auf zu jammern. Man nimmt teil, mischt sich ein, wird Staatsbürger dieses Landes. Integration ist Teilhabe an der Gesellschaft und ein Prozess, der auch vom Einwanderer eine Leistung abverlangt. (…)

Quelle: Necla Kelek, Die Muslime und der Holocaust Die Muslime und der Holocaust – URL: http://www.welt.de/die-welt/kultur/literatur/article5282583/Die-Muslime-und-der-Holocaust (21.11.2009)

Material 2: Ausschnitte aus einer Klausur (12. Klasse, Leistungskurs Geschichte, 2012), „Die Deutschen und die nationalsozialistische Vergangenheit“

A: „Ich würde davon abraten, in Schulen heutzutage zu sehr an jenem „Hitler als Sündenbock“ festzuhalten, sondern vielmehr die manipulative Kraft des Regimes, auch in seiner Wirkung auf Einzelpersonen deutlich machen.“ …

B: „Außerdem sollte der Blick auch einmal von Deutschland abkommen und die anderen totalitären Regimes der Zeit besprochen werden, aber auch die Handlungen der Alliierten und deren Sichtweisen sollten auf kritische Art und Weise betrachtet werden. Außerdem sollte das Thema [Nationalsozialismus] nicht jedes Schuljahr in irgendeinem Fach immer wieder erneut auftauchen, zwar ist es wichtig, diese Zeit zu behandeln … jedoch kann es nicht Sinn und Zweck sein, ein Thema solange durchzukauen.“

C: „Vielmehr halte ich es für essentiell wichtig, der Rolle des Menschen, der Bevölkerung mehr Beachtung zu schenken, und das aus verschiedenen Gründen. Zum einen glaube ich, dass es gewinnbringender wäre sich mit der Situation der Menschen und den Gründen für die Unterstützung, die sie zu großen Teilen dem Nationalsozialismus gerade am Anfang recht stark entgegenbrachten, zu beschäftigen, um besser zu verstehen, warum man sich diesem totalitären Regime nicht früher widersetzte bzw. es sogar mit offenen Armen empfing … Zu großen Teilen findet das ja bereits in den Schulen statt … und es lassen sich auch nur so Lehren daraus ziehen, wie in der Zukunft ähnliche Entwicklungen und radikale Tendenzen verhindert werden können.“

Text: Pfarrer Schnittger	Kriegsende und Anfang der Weimarer Republik	Anzahl der Unterrichtsstunden: 2
Sek II	Die Niederlage Deutschlands 1918 und die November-revolution	

„Du bist betrogen“[10]

Die Niederlage Deutschlands 1918 aus Sicht eines Zeitgenossen

Skizze der Vorgeschichte: Pfarrer Friedrich Schnittger, 1902 in Detmold/Lippe geboren und dort aufgewachsen, wirkt nach seinem Studium der Theologie in Göttingen und Marburg als Pfarrer in der Lutherischen Landeskirche Thüringen. Während der Zeit des Nationalsozialismus gehört er der Bekennenden Kirche an.

Anfang 1943 wird er zum Wehrdienst eingezogen. Nach einer achtwöchigen militärischen Ausbildung machen mehrere schwere Erkrankungen einen längeren Krankenhaus- und Lazarett-aufenthalt notwendig, u.a. im Lazarett Franzensbad, einem bekannten tschechischen Kurort, der damals in dem von Deutschland 1938 annektierten Sudetenland lag. Von hier aus berichtet Pfarrer Schnittger im Sommer 1944 in Briefen an seine vierjährige Tochter Renate über seine lippische Heimat, sein Elternhaus, seine Jugend und den Entschluss, Pfarrer zu werden.

Materialien: Lesebuch S. 211f. (Text 1); S. 19–31 (Text 2)

Einstieg: Aus dem Aufruf Kaiser Wilhelms II. „An das Deutsche Volk“ am 6. August 1914 (Text 1)

⇒ *Beschreiben Sie die beabsichtigte Wirkung des Aufrufs.*

Arbeitsaufträge:

1. Beschreiben Sie das soziale und familiäre Umfeld, in dem Friedrich Schnittger aufwächst.
2. Wie erlebt der Schüler Friedrich Schnittger den Ersten Weltkrieg, die militärische Niederlage Deutschlands 1918 und die Novemberrevolution?
3. Welche Folgerungen zieht er aus dem Schock der deutschen Niederlage? Wo findet er nach der Erschütterung der jugendlichen Ideale einen neuen Halt? Zeichnen Sie die wichtigsten Stationen dieser Entwicklung auf.
4. Vergleichen Sie mithilfe der Angaben in Ihrem Geschichtsbuch und eigener Recherche die Darstellung des Ersten Weltkrieges in der offiziösen Berichterstattung mit der Beschreibung individueller Kriegserlebnisse.
5. Der Journalist Sebastian Haffner, Jahrgang 1907, schreibt in seiner *Geschichte eines Deutschen:*

10 „Den Nazis eine schallende Ohrfeige versetzen“, S. 23.

„Vieles hat dem Nazismus später geholfen … Aber hier liegt seine Wurzel: nicht etwa in dem „Fronterlebnis“, sondern im Kriegserlebnis des deutschen Schuljungen.“ *Quelle: Sebastian Haffner, Geschichte eines Deutschen, Stuttgart, München 2001, S. 22.*

⇒ Recherchieren Sie in diesem Zusammenhang den Werdegang Horst Wessels, Jahrgang 1907. Halten Sie Ihre Ergebnisse in einer Tabelle fest. Wie lässt sich der Weg dieses „deutschen Schuljungen“ in den Nationalsozialismus erklären?

Text: Konrad Reisner	Der Übergang von der Demokratie zur Diktatur	Anzahl der Unterrichtsstunden: 1–2
SekI/II	Die Machtergreifung durch die Nationalsozialisten	

„Der Naziterror beginnt“

Wie setzen die Nationalsozialisten ihre Macht durch?

Angaben zu Konrad Reisner: Er wird am 2. Januar 1908 in Breslau geboren, als Sohn eines Anwalts und einer bekannten französischen Konzertpianistin. Breslau gehörte damals noch zu Deutschland, heute ist die Stadt polnisch und heißt Wroclaw. Nach dem Abitur studiert er Jura in Berlin, Genf und Breslau. Ende März 1933, kurz vor seinem 2. Juristischen Staatsexamen muss er aus Deutschland fliehen, denn als engagierter Pazifist und Mitglied der Sozialistischen Arbeiterpartei (SAP) gilt er in den Augen der Nationalsozialisten als Verbrecher und Landesverräter. Er flieht über Prag nach Paris, wo ihn seine französische Großtante, eine Pariser Ärztin, bei sich aufnimmt. Mit dem Tag seiner Ankunft in Paris im April 1933 setzt er seine gegen die Nationalsozialisten gerichtete politische Arbeit im Rahmen der *Französischen Liga für Menschenrechte* fort. In den Jahren 1933–36 gehört er zur kleinen Gruppe des deutschen Exils, die in der Nobelpreiskampagne für Carl von Ossietzky eine führende Rolle spielte. Konrad Reisner überlebt die Verfolgung durch die Gestapo im besetzten Frankreich; es gelingt ihm, gemeinsam mit seiner Frau Else in die USA zu fliehen.

Historische Einordnung: Nach dem gescheiterten Putsch vom 8./9. November 1923 beschließt Hitler, die Weimarer Demokratie auf legalem Weg über Wahlen zu zerschlagen, zunächst mit nur geringem Erfolg. Bei den Reichstagswahlen vom Mai 1928 erzielt die NSDAP 2,6% der Stimmen und damit 12 der insgesamt 491 Mandate. Erst vor dem Hintergrund der einsetzenden Weltwirtschaftskrise scheint Hitlers Kalkül aufzugehen. Aus der Reichstagswahl vom September 1930 geht die NSDAP mit 18,3 % der Stimmen und 107 von 577 Sitzen als zweitstärkste Fraktion nach der SPD hervor. Im 2. Wahlgang der Reichspräsidentenwahl im Frühjahr 1932 gelingt dem Kandidaten Hitler mit 36,8 % der Stimmen ebenfalls ein beachtlicher Erfolg. Bei den vorgezogenen Reichtstagswahlen Ende Juli 1932 kann die NSDAP ihr Ergebnis von 1930 mehr als verdoppeln und löst mit 230 von 608 Mandaten die SPD als stärkste Fraktion ab.

In dieser Situation versuchen die Parteien der Mitte, das Zentrum und die Bayrische Volkspartei (BVP), die zusammen mit der NSDAP über eine parlamentarische Mehrheit verfügen, die NSDAP in die Regierungsarbeit einzubinden, eine Lösung, die u.a. daran scheitert, dass Hitler seine Ernennung als Chef eines Präsidialkabinetts und nicht als parlamentarischer Regierungschef fordert und dass die Ergebnisse der Reichstagswahlen vom November 1932 eine nationalsozialistisch-katholische Koalition mit nur noch 286 von 584 Mandaten ausschließen.

Hitlers Weg an die Macht wird auch durch eine Entwicklung begünstigt, die den Reichstag seit dem Rücktritt der Regierung Müller im März 1930 als Ort der politischen Entscheidung ausschaltet und die politische Macht auf den Reichspräsidenten verlagert. Die Präsidialkabinette Brüning, Papen und Schleicher sind vom Reichspräsidenten abhängig, ohne Mehrheit im Parlament. Am 30. Januar 1933 wird Hitler von Reichspräsident Hindenburg zum Reichskanzler ernannt, ausgestattet mit den präsidialen Vollmachten des Artikels 48 der Weimarer Verfassung.

Materialien:

- Ernst Toller-Zitat (Lesebuch S. 124)
- Lesebuch S. 114–119 („Im Anschluss an das erste Staatsexamen…“);
S. 121–124 („Ich war von dem Mut…“);

Möglicher Einstieg: Ernst Toller-Zitat (Lesebuch S. 124) – Formulierung des Problems

Arbeitsaufträge:

1. Weshalb engagiert sich Konrad Reisner politisch? Welche Motive begründen sein Handeln?
2. Zum politischen Leben in den Jahren 1930–1933:

- Listen Sie die in den Textauszügen genannten Aktivitäten der folgenden *politischen Gruppierungen* auf.

Stahlhelm	Deutsche Friedensgesellschaft (Breslau)	Reichsbanner Schwarz-Rot-Gold

⇒ *Welche Ziele verfolgen sie jeweils?*

- Gleichen Sie die Informationen aus dem Text mit der Darstellung in Ihrem Geschichtsbuch ab.

3. Eine Einschätzung des Zeitgenossen Ernst Toller:

⇒ Beurteilen Sie Tollers Warnung.

⇒ Hätte man Ihrer Meinung nach Hitler „regieren lassen“ sollen?

Konrad Reisner	Verfolgung und Vernichtung im NS	Anzahl der Unterrichtsstunden: 3
Sek II	Beginn der Verfolgung nach dem Reichstagsbrand	

Der Weg in den Widerstand

Der 28. Februar 1933 für Konrad Reisner (Theaterprojekt)

Die Schülerinnen und Schüler erarbeiten mithilfe der Erinnerungen Konrad Reisners kurze Theaterszenen, in denen sie seine Situation kurz nach der Machtergreifung Hitlers darstellen.

Angaben zu Konrad Reisner: Er wird am 2. Januar 1908 in Breslau geboren, als Sohn eines Anwalts und einer bekannten französischen Konzertpianistin. Breslau gehörte damals noch zu Deutschland, heute ist die Stadt polnisch und heißt Wroclaw. Nach dem Abitur studiert er Jura in Berlin, Genf und Breslau. Ende März 1933, kurz vor seinem 2. Juristischen Staatsexamen muss er aus Deutschland fliehen, denn als engagierter Pazifist und Mitglied der Sozialistischen Arbeiterpartei (SAP) gilt er in den Augen der Nationalsozialisten als Verbrecher und Landesverräter. Er flieht über Prag nach Paris, wo ihn seine französische Großtante, eine Pariser Ärztin, bei sich aufnimmt. Mit dem Tag seiner Ankunft in Paris im April 1933 setzt er seine gegen die Nationalsozialisten gerichtete politische Arbeit im Rahmen der *Französischen Liga für Menschenrechte* fort.

Angaben zur SA: *Sturmabteilungen*; 1920 von ehemaligen Wehrmachtsoffizieren gegründete und nach militärischen Grundsätzen geführte Kampforganisation der NSDAP mit dem Ziel der Massenmobilisierung und Einschüchterung des politischen Gegners durch Terror und Gewalt. Den aktiven Kadern der SA gehörten junge Männer im Alter von 18–39 Jahren an; die über 39jährigen waren in einer besonderen SA-Reserve organisiert. Bis 1925 agierte die SA relativ unabhängig von der Partei mit eigener Führung (Ernst Röhm). Ende 1925 wurde sie neu organisiert und der politischen Organisation der NSDAP mit Hitler als oberstem SA-Führer unterstellt. Die faktische Befehlsgebung lag jedoch beim Stabschef der SA, seit Anfang 1931 erneut Ernst Röhm. Weitere wichtige SA-Führer dieser Zeit waren u.a. Walter Stennes, Graf Helldorf und Edmund Heines. Rivalitäten zwischen der SA und der politischen Organisation der Partei auf der einen und der SA und der Reichswehr auf der anderen Seite führten Ende Juni 1934 zur politischen Ausschaltung der SA. Im Zuge des sog. „Röhm-Putsches“ wurden ca. 200 hohe SA-Führer von Kommandos der SS erschossen.

Vorschlag für Unterrichtsgang:

Arbeitsauftrag: Entwerfen Sie ein 10-Minuten-Stück zur Situation Konrad Reisners am 28. Februar 1933.

Materialien: Textausschnitte S. 124–128	**Arbeitsaufträge und Anregungen:** Welche weiteren Personen spielen eine Rolle? Welche historischen Ereignisse sind relevant? Wie endet das Stück? Welche weiteren Entwicklungen wären möglich?

Text: Konrad und Else Reisner	Verfolgung und Vernichtung	Anzahl der Unterrichtsstunden: 2–3
Sek II	Carl von Ossietzky	

Quelle: http://www.dhm.de/lemo/objekte/pict/f54-1058/200.jpg

Die Nobelpreiskampagne für Carl von Ossietzky

War die Kampagne erfolgreich?

Angaben zu Konrad Reisner: Er wird am 2. Januar 1908 in Breslau geboren, als Sohn eines Anwalts und einer bekannten französischen Konzertpianistin. Breslau gehörte damals noch zu Deutschland, heute ist die Stadt polnisch und heißt Wroclaw. Nach dem Abitur studiert er Jura in Berlin, Genf und Breslau. Ende März 1933, kurz vor seinem 2. Juristischen Staatsexamen, muss er aus Deutschland fliehen, denn als engagierter Pazifist und Mitglied der Sozialistischen Arbeiterpartei (SAP) gilt er in den Augen der Nationalsozialisten als Verbrecher und Landesverräter. Er flieht über Prag nach Paris, wo ihn seine französische Großtante, eine Pariser Ärztin, bei sich aufnimmt. Mit dem Tag seiner Ankunft in Paris im April 1933 setzt er seine gegen die Nationalsozialisten gerichtete politische Arbeit im Rahmen der *Französischen Liga für Menschenrechte* fort. In den Jahren 1933–36 gehört er zur kleinen Gruppe des deutschen Exils, die in der Nobelpreiskampagne für Carl von Ossietzky eine führende Rolle spielte. Konrad Reisner überlebt die Verfolgung durch die Gestapo im besetzten Frankreich; es gelingt ihm, gemeinsam mit seiner Frau Else in die USA zu fliehen.

Angaben zu Carl von Ossietzky: Er kommt am 3. Oktober 1889 in Hamburg als einziger Sohn des Stenotypisten und Speisewirts Ignatius von Ossietzky und seiner Frau Rosalie auf die Welt. Nach dem Besuch der Realschule findet er eine Anstellung als Hilfsschreiber am Amtsgericht Hamburg, eine Position, die er jedoch bald aufgibt, um sich beruflich als Journalist zu etablieren. In den ersten Jahren publiziert er als freier Mitarbeiter in verschiedenen Zeitungen. In diese Zeit fällt auch sein pazifistisches Engagement in der *Deutschen Friedensgesellschaft* und der *„Nie-wieder-Krieg“*-Bewegung. 1926 beginnt er seine journalistische Arbeit an der „Weltbühne“, einer kleinen aber einflussreichen linksliberalen Wochenzeitschrift für Politik, Kunst und Wirtschaft. Ab 1927 leitet Ossietzky die „Weltbühne“ als verantwortlicher Redakteur und macht sie zu einem Sprachrohr der pazifistischen Bewegung in Deutschland. Aufgrund seiner radikal-demokratischen, gegen Militarismus und Aufrüstung gerichteten Position wird Carl von Ossietzky besonders von republikfeindlichen Kreisen in Militär und Justiz angegriffen und diffamiert. Seit Mitte der 20er Jahre kommt es zu einer ganzen Kette von politischen Prozessen, die gegen ihn als verantwortlichen Redakteur der „Weltbühne“ geführt werden. Im November 1931 wird er zusammen mit dem Verfasser eines Artikels über militärische Luftfahrtprojekte, der 1929 in der „Weltbühne“ erschienen war, wegen „Verrats militärischer Geheimnisse“ vom IV. Strafsenat des Reichsgerichts in Leipzig zu 18 Monaten Haft verurteilt. Im Zuge einer Weihnachtsamnestie wird er im Dezember 1932 vorzeitig aus der Haft entlassen, in der Nacht des Reichstagsbrandes jedoch erneut verhaftet und zunächst in das Konzentrationslager Sonnenburg, später in das berüchtigte Moorlager Papenburg-Esterwegen gesperrt, wo er besonders schwer gedemütigt und misshandelt wird.

Vorschlag für Einstieg:

Bild des leeren Stuhls bei der Verleihung des Friedensnobelpreises an Liu Xiaobo 2010.

Quelle: http://www.voanews.com/chinese/news/20101210-ACITIVISTS-RALLY-FOR-LIU-111700409.html

Materialien: Lesebuch S. 134–147 („Zu ihnen gehörte auch Carl von Ossietzky…“) (Text 1)	**Zusatzmaterialien:** Aufgabe 2 und 3: Willy Brandt, Die Nobelpreiskampagne für Carl von Ossietzky (Text 2) Albert Einstein, Brief an das Nobelpreiskomitee. Lesebuch S. 144 (Text 3) Carl von Ossietzky, Kommentar zur Verleihung des Friedensnobelpreises, 26.11.1936 (Text 4) Aufgabe 4: DIE ZEIT, Liu Xiaobo – Intellektueller, Vermittler, Häftling. 8. Oktober 2010 (Text 5) Aufgabe 5: Ingo Müller, Email vom 26.10.2010 (Text 6)

Arbeitsaufträge:

1. Stellen Sie in einer Ihnen geeignet erscheinenden Weise den Verlauf der Kampagne für Carl von Ossietzky dar.
2. Wählen Sie eine der in den Zusatzmaterialien angegebenen Quellen (Texte 2–4) aus und ermitteln

Sie die Gründe für das Engagement des Autors für Carl von Ossietzky. Beziehen Sie in Ihre Überlegungen auch Informationen zur Person mit ein. Bereiten Sie sich auf eine Präsentation Ihrer Ergebnisse vor!

3. Diskutieren Sie die Frage: *War die Nobelpreiskampagne für Carl von Ossietzky erfolgreich?*

- Unterscheiden Sie hierbei, mit welchen Argumenten die Beteiligten den (Miss-)Erfolg beschreiben würden.
- Fällen Sie Ihr eigenes Urteil zur Fragestellung.

4. Erarbeiten Sie aus Text 5 die Umstände der Verleihung des Friedensnobelpreises an Liu Xiaobo 2010.

5. **Zusatzaufgabe**: *Weshalb wurde Ossietzky nach 1945 von keinem deutschen Gericht rehabilitiert?* (Text 6)

Zusatzmaterialien:

Text 2:

Willy Brandt:

Die Entscheidung zugunsten Ossietzkys fiel übrigens – Ironie des Schicksals – fast auf den Tag nach Hamsuns Attacke. Die gleichgeschaltete deutsche Presse konnte die eine und andere schiefe Auslandsstimme zitieren, wie die des schwedischen Weltreisenden Sven Hedin oder eines Mitglieds der Familie Alfred Nobels. Die moralische Ohrfeige, die Hitler und seinen Leuten verabfolgt worden war, hat immerhin gesessen. In Berlin, wo ich mich – als norwegischer Student getarnt – Ende ′36 aufhielt, konnte ich mich von der Wut überzeugen, mit der man die gelenkten Reaktionen auf den herausfordernden Osloer Entscheid reagieren ließ – bis hin zur lächerlichen Verfügung, derzufolge ein Deutscher nie mehr einen Nobelpreis hätte annehmen dürfen.

Ich habe damals aber auch an Ort und Stelle erfahren, als eine wie unerwartete, deshalb umso stärkere Ermutigung die Ehrung Ossietzkys, von jenen „Illegalen" empfunden wurde, mit denen ich zusammenarbeitete. Nach der Rheinlandbesetzung, die ohne nennenswerte westliche Reaktion geblieben war, und nach den Olympischen Spielen, die Hitler und Goebbels in einen beträchtlichen propagandistischen Erfolg umzumünzen verstanden, hatte dies erhebliche Bedeutung. Selbst den Kontakt zu Ossietzky zu suchen, wäre für mich und meine Arbeit mit einem übergroßen Risiko verbunden gewesen. Daß er, wenn auch unter Gestapokontrolle, in ein Berliner Krankenhaus gebracht worden war, konnte immerhin als ein erster Erfolg der Friedenspreis-Kampagne gewertet werden. Nach Oslo ließ man ihn natürlich nicht reisen. Um den materiellen Preis brachte ihn ein Zusammenspiel höchst unerfreulicher Umstände. Es entstand die groteske Lage, daß die Gestapo vorgab, sich der Interessen Ossietzkys anzunehmen und den Anwalt einsperrte, unter dessen Händen das Geld zerronnen war. Unter den Kampagnen, die gegen das nazistische Terror-Regime gerichtet waren, behält jene zugunsten Carl von Ossietzkys einen besonderen Rang. Daß sich so viele Europäer, auch Amerikaner, mit Rang und Namen zugunsten eines verfolgten deutschen Demokraten und Antimilitaristen engagierten, war ein Quell der Hoffnung in sehr schwerer Zeit. Durch dieses Beispiel wird aber auch daran erinnert, daß das deutsche Exil – bei all seinen Schwächen – einige politisch-moralische Wegbereitungen für Nachkriegsdeutschland zu leisten vermochte. Die Nazigegner drinnen und draußen zeugten für das *andere* Deutschland, von dem sie hofften, daß es das eigentliche werde.

Ich meine, aus der Methodik der Ossietzky-Kampagne ließe sich auch mancher Nutzen für aktuelle Auseinandersetzungen ableiten, die das Ringen um Menschenrechte zum Gegenstand haben. Nicht auf lautstarke Selbstdarstellung kommt es dabei an, sondern auf gezielte, möglichst konkrete Hilfe – nicht auf gruppenegoistische Sonderinteressen, sondern auf breite, möglichst intelligente Bündnisse gegen die Herausforderer von elementarer Menschlichkeit und simplem Rechtsanspruch.

Quelle: Willy Brandt, Die Nobelpreiskampagne für Carl von Ossietzky, Oldenburg 1988, S. 14f.

Anmerkung: „Hamsuns Attacke" (Zeile 2): vgl. „Den Nazis eine schallende Ohrfeige versetzen", a.a.O., S.145.

Text 4:

Carl von Ossietzky:
„Nach längerer Überlegung bin ich zu dem Entschluß gekommen, den mir zugefallenen Friedensnobelpreis anzunehmen. Die mir von dem Vertreter des Geheimen Staatspolizeiamtes vorgetragene Anschauung, daß ich mich damit aus der deutschen Volksgemeinschaft ausschließe, vermag ich nicht zu teilen. Der Nobelpreis für den Frieden ist kein Zeichen des inneren politischen Kampfes, sondern der Verständigung zwischen den Völkern."
Erklärung vom 26.11.1936 mit durchgestrichener Unterschrift (im OA);
zitiert nach Elke Suhr: Pazifist, Republikaner, Widerstandskämpfer. Reinbek bei Hamburg 1994. S. 243.

Text 5:

Liu Xiaobo – Intellektueller, Vermittler, Häftling

Während die Welt ihn als Friedensnobelpreisträger feiert, sitzt Liu Xiaobo, Literaturwissenschaftler und Publizist, in einer rund 30 Quadratmeter großen Gefängniszelle in China. Vielleicht, so schrieb ein chinesischer TwitterNutzer, vielleicht hat es ja jemand geschafft, vor den Mauern des Gefängnisses ein Banner mit der Nachricht zu entrollen, und Liu hat sie gesehen. Vermutlich aber hat Liu stattdessen ein Buch gelesen, mit seinen fünf Zellengenossen gesprochen, oder er war auf dem Weg zum abendlichen, einstündigen Hofausgang, als das Komitee in Oslo die Entscheidung verkündete. Wahrscheinlich werden ihm seine Frau Liu Xia und sein Anwalt Shang Baojun beim nächsten Besuch davon berichten können. Die chinesische Regierung jedenfalls tobt schon jetzt: Sie bezeichnete die Auszeichnung Lius als "Blasphemie" gegen das Dekret des Friedensnobelpreises.

Liu ist nach Carl von Ossietzky der zweite Nobelpreisträger, der ausgezeichnet wird, während er im Gefängnis sitzt. Am 26. Dezember letzten Jahres war er wegen "Anstiftung zum Umsturz der Staatsmacht" zu elf Jahren Haft verurteilt worden. Das damalige Urteil nahm Bezug auf neun seiner politischen Schriften: alles Aufrufe zu graduellen, friedlichen, politischen Reformen. Doch auch seine Autorenschaft und noch mehr seine Koordinationsrolle beim Verfassen des politischen Pamphlets "Charta 2008" haben ihn in den Augen des chinesischen Regimes zu einem Staatsfeind gemacht. Mehr als 11.700 Menschen haben den am 8. Dezember im Internet veröffentlichten Aufruf zu demokratischen Reformen bislang unterzeichnet.

Liu setzt sich seit mehr als 20 Jahren für politische Rechte und Demokratie in China ein. Als Mitbegründer und langjähriger Präsident des unabhängigen chinesischen PEN-Zentrums gilt er als einflussreichster Dissident der Volksrepublik. Als einer der ganz wenigen wird er in China sowohl von älteren und jüngeren kritischen Intellektuellen gleichermaßen geschätzt. Liu gilt auch als Brückenbauer zwischen unterschiedlichen sozialen Gruppen. Kritisiert wurde er allerdings von einigen chinesischen Oppositionellen im Ausland. Sie warfen ihm vor, gegenüber der kommunistischen Führung zu kompromissbereit zu sein und Anhänger der in China verbotenen Falun-Gong-Bewegung nicht zu unterstützen.

Einen Namen hatte sich der 1955 in der Stadt Changchun geborene Liu lange vor seinem politischen Engagement gemacht – als Literaturkritiker und Dozent der Philosophie und Kultur. Treibende Kraft dafür war die Erfahrung des "versklavten Individuums" während einer dreijährigen Landverschickung Anfang der siebziger Jahre in die Innere Mongolei zusammen mit seinem Vater. 1982 kam Liu als Magisterstudent an die Pädagogische Hochschule in Peking. Dort unterrichtete er Philosophie, Literatur und Kultur und erwarb 1988 seinen Doktor der Philosophie.

Politisch aktiv wurde Liu, als die Studentenproteste 1989 begannen. Zu jener Zeit befand er sich gerade auf einer Forschungsreise in den USA und kehrte im April vorzeitig nach Peking zurück. Als damals 33-jähriger Dozent mischte er sich unter seine Studenten auf den Tiananmen-Platz. Sie sahen den mutigen und kritisch-rationalen Liu als wichtigen Ratgeber. Als die Bewegung an Faktionskämpfen zu zerbrechen drohte, initiierte Liu mit anderen Intellektuellen Ende Mai und Anfang Juni den letzten Hungerstreik auf dem Tiananmen-Platz. Um größeres Blutvergießen zu verhindern, verhandelte er in der Nacht vom 3. auf den 4. Juni mit anderen Dozenten bei der Militärführung um einen friedlichen Abzug der Studenten vom Platz.

Wenig später wurde Liu rund 18 Monate lang eingesperrt – ohne Gerichtsprozess. Im Oktober 1996 verurteilten ihn die staatlichen Behörden wegen "Verbreitung von Gerüchten und Verleumdung" sowie "Störung der öffentlichen Ordnung" zu dreieinhalb Jahren Umerziehungslager. Regelmäßige kurze Festnahmen, Überwachung und Hausarrest bestimmten danach Lius Alltag – insbesondere dann, wenn politische Jahrestage oder Großereignisse wie die Olympischen Spiele anstanden.

Auch als politischer Schriftsteller hat Liu stets versucht, Gräben zu überwinden. Im Zentrum seiner Texte steht der Gedanke, dass Demokratisierung kein revolutionärer, sondern ein langsamer und auch mühevoller Prozess einer Gesellschaft ist. Dabei gelte es auch Hass und Feindschaft zwischen Regierung und dem Volk durch Versöhnung zu überwinden. Der Theologe Dietrich Bonhoeffer gilt Liu als wichtiges geistiges Vorbild. Liu hat im Laufe seines Engagements zahlreiche Auszeichnungen erhalten, so den PEN/Barbara Goldsmith Freedom to Write Award und den Homo Homini Award 2009 sowie gerade eben den Kesten-Preis des PEN-Zentrums Deutschland.

Seitdem Liu wieder im Gefängnis sitzt, darf ihn seine Frau Liu Xia einmal im Monat für rund eine Stunde besuchen. Sie dürfen sich bei jedem Besuch kurz umarmen und während des Gesprächs an den Händen halten, erzählte seine Frau kürzlich. Ihr Gespräch wird von anwesenden Wärtern überwacht. Liu Xia glaubt, dass ihr Mann dank seiner Prominenz im Gefängnis etwas besser behandelt wird als andere Gefangene. Er muss nicht arbeiten, darf lesen. Seine Frau schickt ihm regelmäßig Bücher. Paul Celan und Franz Kafka gehören zu seinen Lieblingsautoren.

Was ihm Kraft gibt, hat Liu während seiner Verteidigungsrede vor Gericht im Dezember letzten Jahres in Worte gefasst: "Deine Liebe ist das Sonnenlicht, welches die Gefängnismauern und Gitterstäbe überwindet, jedes Stück meiner Haut treffen, jede meiner Zellen wärmen und mir helfen meine innere Ruhe zu bewahren."

Was die Auszeichnung mit dem Friedensnobelpreis für Liu bedeutet, ist noch nicht abzusehen. Sein Anwalt Shang Baojun befürchtet, dass die Ehrung eine vorzeitige Freilassung seines Mandanten verhindern könnte. Auf Twitter indes spekulieren chinesische Dissidenten darüber, dass Liu wie andere prominente Aktivisten aus "medizinischen Gründen" freigelassen und ins Ausland abgeschoben werden könnte.

Quelle: Kristin Kupfer, DIE ZEIT vom 8.10.2010.

Anmerkungen:

P.E.N-Zentrum (Zeile 18): Internationale Schriftsteller-Organisation, die für die Verbreitung von Literatur sowie den freien Gedankenaustauch eintritt. Sie setzt sich daher aktiv für Pressefreiheit und unterdrückte Schriftsteller und Dichter ein.

Falun-Gong-Bewegung (Zeile 23): neue chinesische religiöse Bewegung, die von den chinesischen Behörden nicht anerkannt und daher verfolgt wird.

Tiananmen-Platz (Zeile 33): groß angelegter Platz im Zentrum Pekings, auf dem das Mausoleum Maos steht. Im Juni 1989 fand hier eine große Protestdemonstration statt, die von der chinesischen Regierung gewaltsam beendet wurde.

Dietrich Bonhoeffer (Zeile 47): evangelischer Theologe (1906–1945); Mitbegründer der Bekennenden Kirche; unter Admiral Canaris aktiv am Widerstand gegen das NS-Regime beteiligt. Er wurde im Konzentrationslager Flossenbürg kurz vor Ende des Krieges hingerichtet.

Text 6:

Ingo Müller, Autor des Buches „Die furchtbaren Richter" schreibt auf die Frage, weshalb Ossietzky auch nach 1945 nicht rehabilitiert wurde:
„Der Bundesgerichtshof wies den Wiederaufnahmeantrag[11] mit der Begründung zurück, die Fragen des nationalen Interesses und der nationalen Sicherheit stellten sich heute nicht anders als 1931. Den Einwand, es sei erwiesen, dass die Aufrüstung Deutschlands direkt in die Katastrophe des Zweiten Weltkriegs geführt habe, ließ er nicht gelten; der Lauf der Geschichte – meint der BGH – habe zu diesen Fragen keine neuen Erkenntnisse gebracht." *(Email vom 26. Februar 2010)*

11 Vgl. „Den Nazis eine schallende Ohrfeige versetzen", a.a.O. S. 204.

Text: Pfarrer Schnittger	Kirche im NS-Staat	Anzahl der Unterrichtsstunden: 2–3
Sek II (Leistungskurs)	Die Bekennende Kirche	

„Man muss Gott mehr gehorchen als den Menschen“

Die Bekennende Kirche

Skizze der Vorgeschichte:

Nach dem Studium der Theologie in Göttingen und Marburg geht der junge Detmolder Tischlersohn Friedrich Schnittger nach Thüringen, um seine praktische Ausbildung als Pfarrer zu absolvieren. Von 1927 bis 1948 ist er als Vikar und dann, nach dem Zweiten Theologischen Examen, als Pfarrer in der kleinen thüringischen Gemeinde Neuhaus-Schierschnitz tätig.

Während der Zeit des Nationalsozialismus gehört die thüringische Kirche zu denjenigen evangelischen Landeskirchen, in denen die *Deutschen Christen* nach den Kirchenwahlen vom 23. Juli 1933 die Führungsgewalt an sich gerissen hatten. Die Gleichschaltungspolitik unter dem deutsch-christlichen Reichsbischof Ludwig Müller führt 1934 zur Entstehung einer innerkirchlichen Opposition und zur Spaltung der Evangelischen Kirche.

Materialien: Lesebuch Quellen S. 42f. / S. 44 / S. 46/ S. 47/ S. 59ff. S. 40–55 (bis „…die geistliche Leitung abgesprochen hatten.“) (Text 2) S. 55–58 („Der Landeskirchenrat…“) (Text 3) s. auch S. 96–105 „Christentum bedeutet Entscheidung"	**Zusatzmaterial:** Die „Theologische Erklärung“ der 1. Gesamtdeutschen Bekenntnissynode in Barmen-Gemarke vom 29.–31. Mai 1934 (Auszug) in: Anhang Evangelisches Gesangbuch (Text 1)

Einstieg: Parade des Reichsarbeitsdienstes in Nürnberg 1934 (*siehe Abbildung 1 in diesem Vorschlag*)

⇒ *Beschreiben Sie, was Sie auf dem Foto sehen. Was fällt Ihnen besonders auf, was mutet fremd an?*

Arbeitsaufträge:

1. Erarbeiten Sie mit Hilfe der o.a. Quellen die kirchenpolitischen Ziele der *Glaubensbewegung Deutsche Christen.*

2. Mit welchen Argumenten wird die Glaubenslehre der *Deutschen Christen* in der „Theologischen Erklärung“ der Bekenntnissynode in Barmen-Gemarke als Irrlehre verworfen. (Text 1)

⇒ Welche Ziele der Deutschen Christen werden in der Erklärung nicht erwähnt?

⇒ Welche Gründe vermuten Sie hierfür?

3. *„Ich wußte, daß ich nun nicht länger schweigen durfte"*. (Lesebuch S. 49) Beschreiben Sie den Weg des jungen thüringischen Pfarrers Schnittger und seiner Gemeinde in die *Bekennende Kirche.* (Text 2)

z.B. als - Brief an seinen ehemaligen Lehrer Dr. Klingler
- Gespräch mit einem befreundeten Pfarrer seines Kirchenkreises
- Zeitleiste auf einem Plakat

4. Am 2. Oktober 1935 wird Pfarrer Schnittger im deutsch-christlichen Landeskirchenamt in Eisenach verhört (Text 3). Zeichnen Sie dieses Gespräch in Form einer Hörspielszene nach: Welche Vorwürfe erhebt das Landeskirchenamt?
Wie argumentiert Pfarrer Schnittger? In welcher Stimmung geht er in das Verhör?

5. Die Evangelische Kirche im Widerstand:
a) Erörtern Sie die Rolle der Evangelischen Kirche im Nationalsozialismus am Beispiel Pfarrer Schnittgers und seiner Gemeinde.
b) Wie ist die Rolle der Evangelischen Kirche im nationalsozialistischen Deutschland in Ihrem Geschichtsbuch dargestellt? Erarbeiten Sie ggf. einen eigenen ergänzenden Text.

Abbildung 1: Parade des Reichsarbeitsdienstes in Nürnberg 1934

(Bildquelle: Scherl/SZ Photo)

Text: Laureen und Rudi Nussbaum	Verfolgung und Vernichtung	Anzahl der Unterrichtsstunden: 1–2
Sek II	Dilemma-Situation	

„Hätte ich sie doch überreden sollen?“

Rudi im Gespräch mit seiner Mutter

Angaben zu Rudi Nussbaum: Er wird am 21. März 1922 in Fürth (Bayern) geboren. 1931 zieht die Familie nach Frankfurt am Main, wo der Vater im Zentrum der Stadt eine Apotheke eröffnet. Die Familie Nussbaum gehört zu den liberalen jüdischen Kreisen, die sich in der Frankfurter Westendsynagoge treffen.

Im Angesicht der unmittelbar nach der Machtergreifung der Nationalsozialisten einsetzenden Diskriminierung und Entrechtung der jüdischen Mitbürger verlässt die Familie Nussbaum 1936 Deutschland, geht zunächst nach Italien und dann, zwei Jahre später, ins holländische Exil nach Amsterdam. Dort begegnen sie mit der Familie Klein alten Bekannten aus der Frankfurter Westendsynagoge wieder, und man unterstützt sich gegenseitig beim Aufbau einer neuen Existenz.

In den ersten Jahren des holländischen Exils hilft Rudi Nussbaum dem Vater in der Drogerie, die dieser gepachtet hatte. Erst seit 1939 besucht er wieder eine Schule, um sich als Schiffsingenieur ausbilden zu lassen.

Skizze der Vorgeschichte: Anfang Mai 1940 überfallen deutsche Truppen die neutralen Niederlande, besetzen das Land und errichten ein ziviles Besatzungsregime. Wenig später beginnt auch in Holland die Entrechtung, Verfolgung und schließlich Vernichtung der jüdischen Bewohner des Landes. Als sein bester Freund Rolf im Juni 1941 verhaftet wird, beschließt der 19jährige Rudi Nussbaum unterzutauchen. Aus einem seiner Verstecke heraus organisiert er im November 1942 mithilfe des holländischen Widerstandes auch für seine Eltern eine Untertauchadresse, doch einen Tag, bevor sie zu dieser Adresse gebracht werden sollen, werden sie verhaftet und in das im Norden Hollands gelegene Konzentrationslager Westerbork transportiert. Dort wird der Vater von der deutschen KZ-Leitung in der Lagerapotheke beschäftigt, so dass er und seine Frau zunächst vor der Deportation in die Vernichtungslager geschützt sind.

Im Februar 1944 jedoch werden sie in das KZ Theresienstadt deportiert und wenige Monate später nach Auschwitz, wo der Vater unmittelbar nach seiner Ankunft in dem Lager ermordet wird. Rudi Nussbaums Mutter stirbt im Mai 1945 in Bergen-Belsen an Typhus, Hunger und Erschöpfung, noch nach der Befreiung des Lagers durch die Engländer. Rudi Nussbaum überlebt den Holocaust in Holland, versteckt von Menschen, die ihr Leben aufs Spiel setzen, um das seine zu retten. Zu diesen Menschen gehören auch seine spätere Frau Laureen (Hannelore Klein) und ihre Familie.

Materialien: Textausschnitt Lesebuch S. 272–276

Arbeitsaufträge:

1. Skizzieren Sie die Situation, in der sich Rudi und seine Mutter am 13. August 1943 befinden:

- Welche Ereignisse und Tatsachen spielen eine wichtige Rolle?
- Welche Entscheidungsmöglichkeiten stehen Rudi und seiner Mutter offen?

2. Erarbeiten Sie die Überlegungen, die Rudi nachträglich anstellt. Zu welchem Schluss kommt er?

3. *Ist eine Entscheidung in dieser Situation möglich?*

Material 1:

„... Meinen Vater habe ich nach seiner Verhaftung am 16. November 1942 nicht mehr gesehen. Meine Mutter durfte Westerbork am 13. August 1943 für zwei Tage verlassen, um in Amsterdam Medikamente für die Lagerapotheke einzukaufen. Mein Vater war die Geisel, um ihre Rückkehr zu garantieren.

Sie konnte die Familie Klein (und über Laureen auch mich) über einen Kurier des Jüdischen Rats rechtzeitig informieren, sodass wir ein Treffen organisieren konnten. Wir trafen uns am Abend bei einer „gesperrten" halbjüdischen Familie in Amstelveen, dem Vorort von Amsterdam, wo ich versteckt war.

Es war eine fürchterlich zwiespältige Situation: Hier war meine Mutter, mit der mich ein wunderbares Freundschaftsband verband, und sie wollte mich überreden, mich freiwillig ins Lager zu melden! Emotional kam dies wahrscheinlich daher, dass mein Leben und mich heranwachsen zu sehen der wichtigste Lebensinhalt für meine Mutter war (die Ehe meiner Eltern war zu diesem Zeitpunkt in eine schwere Krise geraten). Sie rationalisierte diesen Wunsch aus einer total illusionären Sicht heraus: Es sei nicht gesund, so alleine zu sein, ohne Kontakt mit anderen jungen Leuten, die zusammen Sport treiben, zusammen körperliche Arbeit verrichten; dass gesunde junge Juden in Arbeitslagern gesünder lebten (an Vernichtungslager wollte sie damals nicht glauben; niemand habe Beweise); dass die Deutschen solche Grausamkeiten, wie ich sie aus meiner Schulzeit in Erinnerung hatte, deutschen Juden nicht zufügen würden.

Wie konnte ich ihr sagen, was ich fühlte: Dass das alles eine fürchterliche Illusion sei, dass nur Tod und Elend von der SS zu erwarten seien. Ich konnte ihr diese Illusionen nicht nehmen, da ich wusste, dass sie in wenigen Stunden wieder zurück nach Westerbork musste.

Aber ich sagte entschieden nein zu ihrem Vorschlag. Es war furchtbar. Ich brachte es auch nicht über mich, sie zu überreden unterzutauchen, zu verschwinden, da die SS ja meinen Vater als Geisel hatte, der sofort nach Auschwitz deportiert worden wäre – wo er letztendlich sowieso umgebracht wurde – meine Mutter in Bergen-Belsen! Hätte ich sie doch überreden sollen?

Danach habe ich meine Mutter nicht mehr wiedergesehen. Wie wir erst nach dem Krieg erfuhren, waren meine Eltern am 25. Februar 1944 zunächst nach Theresienstadt und dann am 16. Mai nach Auschwitz transportiert worden. Mein Vater wurde dort ermordet. Meine Mutter wurde im Sommer 1944 zusammen mit anderen jüdischen Frauen von Auschwitz nach Hamburg-Harburg gebracht, um dort nach schweren Luftangriffen Trümmer wegzuräumen.

Aus Hamburg kamen dann die letzten Lebenszeichen meiner Mutter. Zwei holländische Zwangsarbeiter haben wahrscheinlich während eines Luftalarms, bei dem sie aus den Lagergebäuden getrieben wurden und jetzt nur durch einen Stacheldrahtzaun von den jüdischen Häftlingen getrennt waren, mit meiner Mutter mühsam und höchst gefährlich einige Worte gewechselt und sie an uns weitergeleitet …"

„Den Nazis eine schallende Ohrfeige versetzen." S. 272ff.

Text: Laureen und Rudi Nussbaum	Verfolgung und Vernichtung im Nationalsozialismus	Anzahl der Unterrichtsstunden: 2–3
Sek II	Erinnern an NS-Verbrechen	

Die Erinnerung an die nationalsozialistischen Verbrechen – notwendig und möglich?

Das Schicksal der Eltern Rudi Nussbaums

Angaben zu Rudi Nussbaum: Er wird am 21. März 1922 in Fürth (Bayern) geboren. 1931 zieht die Familie nach Frankfurt am Main, wo der Vater im Zentrum der Stadt eine Apotheke eröffnet. Die Familie Nussbaum gehört zu den liberalen jüdischen Kreisen, die sich in der Frankfurter Westendsynagoge treffen.

Im Angesicht der unmittelbar nach der Machtergreifung der Nationalsozialisten einsetzenden Diskriminierung und Entrechtung der jüdischen Mitbürger verlässt die Familie Nussbaum 1936 Deutschland, geht zunächst nach Italien und dann, zwei Jahre später, ins holländische Exil nach Amsterdam. Dort begegnen sie mit der Familie Klein alten Bekannten aus der Frankfurter Westendsynagoge wieder, und man unterstützt sich gegenseitig beim Aufbau einer neuen Existenz. In den ersten Jahren des holländischen Exils hilft Rudi Nussbaum dem Vater in der Drogerie, die dieser gepachtet hatte. Erst seit 1939 besucht er wieder eine Schule, um sich als Schiffsingenieur ausbilden zu lassen.

Skizze der Vorgeschichte: Anfang Mai 1940 überfallen deutsche Truppen die neutralen Niederlande, besetzen das Land und errichten ein ziviles Besatzungsregime. Wenig später beginnt auch in Holland die Entrechtung, Verfolgung und schließlich Vernichtung der jüdischen Bewohner des Landes. Als sein bester Freund Rolf im Juni 1941 verhaftet wird, beschließt der 19jährige Rudi Nussbaum unterzutauchen. Aus einem seiner Verstecke heraus organisiert er im November 1942 mithilfe des holländischen Widerstandes auch für seine Eltern eine Untertauchadresse, doch einen Tag, bevor sie zu dieser Adresse gebracht werden sollen, werden sie verhaftet und in das im Norden Hollands gelegene Konzentrationslager Westerbork transportiert. Dort wird der Vater von der deutschen KZ-Leitung in der Lagerapotheke beschäftigt, so dass er und seine Frau zunächst vor der Deportation in die Vernichtungslager geschützt sind.

Im Februar 1944 jedoch werden sie in das KZ Theresienstadt deportiert und wenige Monate später nach Auschwitz, wo der Vater unmittelbar nach seiner Ankunft in dem Lager ermordet wird. Rudi Nussbaums Mutter stirbt im Mai 1945 im Konzentrationslager Bergen-Belsen an Typhus, Hunger und Erschöpfung, noch nach der Befreiung des Lagers durch die Engländer. Rudi Nussbaum überlebt den Holocaust in Holland, versteckt von Menschen, die ihr Leben aufs Spiel setzen, um das seine zu retten. Zu diesen Menschen gehören auch seine spätere Frau Laureen (Hannelore Klein) und ihre Familie.

Materialien: Lesebuch - S. 248f. („Meine Eltern…“) - S. 250 („Wer nicht untertauchen konnte…“) - S. 250f. („Ich muss noch…“) - S. 251f. („Das Lager Westerbork…“) - S. 252–254 („Meine Eltern schrieben…“) - S. 266f. („Nach meiner Rückkehr…“) - S. 271–276 („Im Februar 1944 kam dann der fürchterliche Schlag…“) - Deportationsbescheid (Material 1)

Einstieg: Thematisierung von Erinnerungskultur zum Nationalsozialismus

Variante A: Gegenüberstellung von Zitaten

„Ich finde, dass man … nichts verstecken soll, vor allem nicht in Deutschland. Natürlich ist es wichtig, die geschichtlichen Fakten zu kennen, wie zum Beispiel die Nürnberger Gesetze, aber man muss auch sehen, was die Leute Tag für Tag durchgemacht haben. Unsere Generation kann sich nicht vorstellen, was da geschehen ist, wenn sie keine Bilder sieht.“ *Quelle: Nina Mannheimer,16, in: Zeitmagazin „Wir und der Holocaust.“ S. 28*	Man kann unsere heutige Gesellschaft nicht erklären, ohne die NS-Zeit zu verstehen. Aber es ist halt nervig, dass Nichtdeutsche immer als Allerersten auf den Holocaust zu sprechen kommen, sobald es um Deutschland geht.“ *Quelle: Nina Mannheimer,16, in: Zeitmagazin „Wir und der Holocaust.“ S. 28*
„Es reicht nicht, die Taten zu verurteilen und sich selbst als Opfer dieser Taten zu fühlen. Schülern muss vermittelt werden, dass, wenn so etwas noch einmal passiert, jeder eine Mittäterschaft trägt, die er nicht mehr ablegen kann. Nur so fühlt man sich persönlich verantwortlich und nur so kann so etwas in Zukunft verhindert werden.“ *Quelle: Ausschnitte aus einer Geschichtsklausur 2012.*	

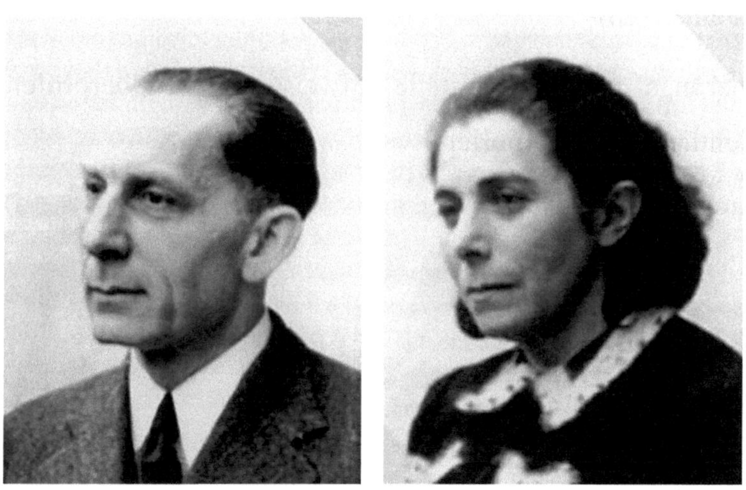

Abbildung 1: Die Eltern Rudi Nussbaums

Variante B: Analyse von Umfragewerten[12]

Aussage:
„Das Gedenken an die Zeit des Nationalsozialismus hat wenig Sinn, die Toten sind nun mal tot."

3	16	37	43
stimme voll und ganz zu	stimme eher zu	stimme eher nicht zu	stimme überhaupt nicht zu

Aussage:
„In der Schule wird zu viel über die Zeit des Nationalsozialismus und zu wenig über andere Epochen der deutschen Geschichte gesprochen."

15	19	39	27
stimme voll und ganz zu	stimme eher zu	stimme eher nicht zu	stimme überhaupt nicht zu

Arbeitsaufträge:

1. a) Informieren Sie sich in Ihrem Geschichtsbuch über die Verfolgung und Vernichtung der Juden in Europa.

   b) Wie kommt es zur Deportation von Rudis Eltern?

2. Versetzen Sie sich in die Lage der Menschen, die einen solchen Bescheid (Material 1) erhielten.

   a) Welche Vorbereitungen mussten getroffen werden?

   b) Was geschah im Anschluss mit der Wohnung?

3. Erarbeiten Sie in Gruppen folgende Themen und stellen Sie Ihre Ergebnisse im Anschluss Ihren Mitschülern vor:

   a) Konzentrationslager b) Auschwitz und Theresienstadt c) Lageralltag

4. a) Informieren Sie sich darüber, wie man derjenigen jüdischen Menschen in Deutschland gedenkt, die im Zuge der nationalsozialistischen Vernichtungspolitik ermordet wurden. Stellen Sie ein solches Konzept vor. (*Grundkurs*)

   b) Entwickeln Sie ein eigenes Konzept, um an Rudis Eltern zu erinnern. (*Leistungskurs*)

   Anregungen: „Stolpersteine" (www.stolpersteine.com)

5. Entwickeln Sie Kriterien, die eine Erinnerungs- und Gedenkstätte aufweisen muss. Überprüfen Sie das von Ihnen erarbeitete Konzept hinsichtlich dieser Kriterien.

12 Quelle: ZEITMAGAZIN Nr. 45 vom 04.11.2010 S.18ff.

Zusatzmaterial:

Material 1: Deportation – *Vor der Deportation erhielten die Juden in Deutschland ein Schreiben folgender Art:*

„Es wird Ihnen hiermit eröffnet, dass Sie innerhalb von zwei Stunden Ihre Wohnung zu verlassen haben. Die beauftragten Beamten sind gehalten, bis Sie Ihre Koffer gepackt und Ihre Wohnung ordnungsgemäß hergerichtet haben, bei Ihnen zu bleiben und Sie als dann zum Sammelplatz zu bringen. Sie werden ersucht, die Schlüssel an sämtlichen Behältnissen, Schränken usw. stecken zu lassen, ebenso die inneren Wohnungsschlüssel. Den Haus- und Korridorschlüssel haben Sie mit einem Bändchen und einem daran befestigten Stück Pappe zu versehen und Ihren Namen und Wohnung und Kennnummer darauf zu schreiben. Vor Verlassen der Wohnung ist das Ihnen ausgehändigte Vermögensverzeichnis genauestens ausgefüllt und unterschrieben abzugeben.

Sie haben mitzunehmen:

1. Zahlungsmittel RM 50,-

2. Rucksack oder Handgepäck mit Wäsche und sonstiges zur einfachen Lebensführung notwendiges Gerät.

3. Vollständige Bekleidung (es können auch zwei Mäntel und doppelte Unterwäsche angezogen werden)

4. Verpflegung für zwei Tage, Löffel, Teller oder Napf, Trinkbecher

5. Reisepass, Kennkarte, Arbeits- und sonstige Ausweispapiere sowie Lebensmittelkarten, Kartoffel- und Kohlenbezugsscheine. Sie dürfen nicht eingepackt werden, sondern sind von jeder Person bei sich zu führen. Nicht mitgenommen werden dürfen: Wertpapiere, Devisen, Sparkassenbücher usw. sowie Wertsachen jeder Art (Gold, Silber, Platin), ebenfalls kein lebendes Inventar. Der Ehering sowie eine einfache Uhr dürfen mitgenommen werden.

Außerdem haben Sie sich selbst ein Schild um den Hals zu hängen, auf dem Ihr Name und Geburtstag angegeben sind, sowie Ihre Kennnummer."

Zitiert nach: Thomas Berger-von der Heide et al. (Hg.), Entdecken und Verstehen 9/10. Geschichtsbuch für Brandenburg. Berlin 1999. S.126f.

Text: Laureen und Rudi Nussbaum	Thema: Verfolgung und Vernichtung im Nationalsozialismus	Anzahl der Unterrichtsstunden: 2–3
Sek I/II	Alltag im Konzentrationslager	

„Du darfst die Hoffnung nicht aufgeben“[13]

Das Schicksal der Eltern Rudi Nussbaums im Konzentrationslager Westerbork

Rudi Nussbaum: Er wird am 21. März 1922 in Fürth (Bayern) geboren. 1931 zieht die Familie nach Frankfurt am Main, wo der Vater im Zentrum der Stadt eine Apotheke eröffnet. Die Familie Nussbaum gehört zu den liberalen jüdischen Kreisen, die sich in der Frankfurter Westendsynagoge treffen.

Im Angesicht der unmittelbar nach der Machtergreifung der Nationalsozialisten einsetzenden Diskriminierung und Entrechtung der jüdischen Mitbürger verlässt die Familie Nussbaum 1936 Deutschland, geht zunächst nach Italien und dann, zwei Jahre später, ins holländische Exil nach Amsterdam. Dort begegnen sie mit der Familie Klein alten Bekannten aus der Frankfurter Westendsynagoge wieder, und man unterstützt sich gegenseitig beim Aufbau einer neuen Existenz.

In den ersten Jahren des holländischen Exils hilft Rudi Nussbaum dem Vater in der Drogerie, die dieser gepachtet hatte. Erst seit 1939 besucht er wieder eine Schule, um sich als Schiffsingenieur ausbilden zu lassen.

Skizze der Vorgeschichte: Anfang Mai 1940 überfallen deutsche Truppen die neutralen Niederlande, besetzen das Land und errichten ein ziviles Besatzungsregime. Wenig später beginnt auch in Holland die Entrechtung, Verfolgung und schließlich Vernichtung der jüdischen Bewohner des Landes. Als sein bester Freund Rolf im Juni 1941 verhaftet wird, beschließt der 19jährige Rudi Nussbaum unterzutauchen. Aus einem seiner Verstecke heraus organisiert er im November 1942 mithilfe des holländischen Widerstandes auch für seine Eltern eine Untertauchadresse, doch einen Tag, bevor sie zu dieser Adresse gebracht werden sollen, werden sie verhaftet und in das im Norden Hollands gelegene Konzentrationslager Westerbork transportiert. Dort wird der Vater von der deutschen KZ-Leitung in der Lagerapotheke beschäftigt, so dass er und seine Frau zunächst vor der Deportation in die Vernichtungslager geschützt sind.

Im Februar 1944 jedoch werden sie in das KZ Theresienstadt deportiert und wenige Monate später nach Auschwitz, wo der Vater unmittelbar nach seiner Ankunft in dem Lager ermordet wird. Rudi Nussbaums Mutter stirbt im Mai 1945 im Bergen-Belsen an Typhus, Hunger und Erschöpfung,

13 Zitat von Rudi Nussbaum, „Den Nazis eine schallende Ohrfeige versetzen“, a.a.O. S. 249.

noch nach der Befreiung des Lagers durch die Engländer. Rudi Nussbaum überlebt den Holocaust in Holland, versteckt von Menschen, die ihr Leben aufs Spiel setzen, um das seine zu retten. Zu diesem Menschen gehören auch seine spätere Frau Laureen (Hannelore Klein) und ihre Familie.

Materialien: Lesebuch
- S. 248f. („Meine Eltern…“)
- S. 250 („Wer nicht untertauchen konnte…“)
- S. 250f. („Ich muss noch…“)
- S. 251f. („Das Lager Westerbork…“)
- S. 252–254 („Meine Eltern schrieben…“)
- Deportationsbescheid (Material 1)

Arbeitsaufträge:

1. a) Informieren Sie sich in Ihrem Geschichtsbuch über die Verfolgung und Vernichtung der Juden in Europa.
   b) Wie kommt es zur Deportation von Rudis Eltern?

2. Versetzen Sie sich in die Lage der Menschen, die einen solchen Bescheid (Material 1) erhielten:
   a) Welche Vorbereitungen mussten getroffen werden?
   b) Was geschah im Anschluss mit der Wohnung?

3. Bearbeiten Sie in Gruppen folgende Themen – Stellen Sie mit den Ergebnissen eine Wandzeitung zusammen:

a) Lageralltag: *Was wird über die täglichen Abläufe gesagt?*	b) Lageralltag: *Wie ist das Verhältnis der Menschen im Lager untereinander? Welche Besonderheiten unter den furchtbaren Umständen fallen auf?*	c) Lager: *Weshalb errichteten die Nationalsozialisten sog. „Konzentrationslager“?*

4. Was meint Rudis Mutter mit der Formulierung „Wir leben nicht mehr in jener sauberen, geordneten bürgerlichen Welt – wir sind in eine Unterwelt hinabgestiegen voll Modder, Elend und Schmutz.“ (S.252) ? Finden Sie weitere Formulierungen in den Briefen, die Ihre Überlegungen unterstützen.

5. Informieren Sie sich darüber, wie man heute derjenigen jüdischen Menschen in Deutschland gedenkt, die im Zuge der nationalsozialistischen Vernichtungspolitik ermordet wurden.
a) Entwickeln Sie ein eigenes Konzept, an Rudis Eltern zu erinnern.
b) Recherchieren Sie zu den sog. „Stolpersteinen“ und entwerfen Sie einen solchen für Rudis Eltern.

Zusatzmaterial:

Material 1: Deportation – *Vor der Deportation erhielten die Juden in Deutschland ein Schreiben folgender Art:*

„Es wird Ihnen hiermit eröffnet, dass Sie innerhalb von zwei Stunden Ihre Wohnung zu verlassen haben. Die beauftragten Beamten sind gehalten, bis Sie Ihre Koffer gepackt und Ihre Wohnung ordnungsgemäß hergerichtet haben, bei Ihnen zu bleiben und Sie alsdann zum Sammelplatz zu bringen. Sie werden ersucht, die Schlüssel an sämtlichen Behältnissen, Schränken usw. stecken zu lassen, ebenso die inneren Wohnungsschlüssel. Den Haus- und Korridorschlüssel haben Sie mit einem Bändchen und einem daran befestigten Stück Pappe zu versehen und Ihren Namen und Wohnung und Kennnummer darauf zu schreiben. Vor Verlassen der Wohnung ist das Ihnen ausgehändigte Vermögensverzeichnis genauestens ausgefüllt und unterschrieben abzugeben.

Sie haben mitzunehmen:

1. Zahlungsmittel RM 50,-
2. Rucksack oder Handgepäck mit Wäsche und sonstiges zur einfachen Lebensführung notwendiges Gerät.
3. Vollständige Bekleidung (es können auch zwei Mäntel und doppelte Unterwäsche angezogen werden)
4. Verpflegung für zwei Tage, Löffel, Teller oder Napf, Trinkbecher
5. Reisepass, Kennkarte, Arbeits- und sonstige Ausweispapiere sowie Lebensmittelkarten, Kartoffel- und Kohlenbezugsscheine. Sie dürfen nicht eingepackt werden, sondern sind von jeder Person bei sich zu führen. Nicht mitgenommen werden dürfen: Wertpapiere, Devisen, Sparkassenbücher usw. sowie Wertsachen jeder Art (Gold, Silber, Platin), ebenfalls kein lebendes Inventar. Der Ehering sowie eine einfache Uhr dürfen mitgenommen werden.

Außerdem haben Sie sich selbst ein Schild um den Hals zu hängen, auf dem Ihr Name und Geburtstag angegeben sind, sowie Ihre Kennnummer."

Zitiert nach: Thomas Berger-von der Heide et al. (Hg.), Entdecken und Verstehen 9/10. Geschichtsbuch für Brandenburg. Berlin 1999. S.126f.

Text: Else und Konrad Reisner	Der Zweite Weltkrieg	Anzahl der Unterrichtsstunden: 2–3
Sek II	Frankreich unter deutscher Besatzung	

Zwischen Widerstand und Kollaboration

Die Verfolgung der deutschen Emigranten im besetzten Frankreich

Angaben zu Else Reisner: Sie wird am 27. Oktober 1910 in Mannheim als Tochter eines Metallarbeiters geboren. Sie wächst in der sozialdemokratischen Tradition ihres Vaters auf und ist bereits als junges Mädchen in der Arbeiterjugend ihrer Heimatstadt aktiv. Später wird sie Mitglied der Mannheimer Jungsozialisten und erhält im Sommer 1930 die Möglichkeit, mithilfe eines Stipendiums an der Heimvolkshochschule Schloss Tinz (Thüringen), einer Bildungsstätte der jungsozialistischen Bewegung, zu studieren. 1931 heiratet sie den jüdischen Journalisten Heinrich Heilbrunn und zieht mit ihm nach Nürnberg – schon damals eine Hochburg der nationalsozialistischen Bewegung –, wo sie als Vorsitzende der dortigen Jungsozialisten und in Artikeln für die sozialdemokratische Presse ihre politische Arbeit fortsetzt.

Angaben zu Konrad Reisner: Er wird am 2. Januar 1908 in Breslau geboren, als Sohn eines Anwalts und einer bekannten französischen Konzertpianistin. Breslau gehörte damals noch zu Deutschland, heute ist die Stadt polnisch und heißt Wroclaw. Nach dem Abitur studiert er Jura in Berlin, Genf und Breslau. Ende März 1933, kurz vor seinem 2. Juristischen Staatsexamen muss er aus Deutschland fliehen, denn als engagierter Pazifist und Mitglied der Sozialistischen Arbeiterpartei (SAP) gilt er in den Augen der Nationalsozialisten als Verbrecher und Landesverräter. Er flieht über Prag nach Paris, wo ihn seine französische Großtante, eine Pariser Ärztin, bei sich aufnimmt. Mit dem Tag seiner Ankunft in Paris im April 1933 setzt er seine gegen die Nationalsozialisten gerichtete politische Arbeit im Rahmen der *Französischen Liga für Menschenrechte* fort.

Skizze der Vorgeschichte: Der Zweite Weltkrieg beginnt am 1. September 1939 mit dem Überfall auf Polen. Am 10. Mai 1940 erteilt Hitler den Befehl zum Angriff auf Frankreich. Unter Verletzung der Neutralität der Niederlande, Luxemburgs und Belgiens gelingt ein rascher Vormarsch der deutschen Truppen. Nach knapp sechs Wochen ist die militärische Niederlage Frankreichs besiegelt. Im deutsch-französischen Waffenstillstandsabkommen von 22. Juni 1940 wird Frankreich geteilt, in einen von Deutschland besetzten und von einer deutschen Militärverwaltung kontrollierten nördlichen Teil einschließlich der Hauptstadt Paris und der gesamten Atlantikküste und einen bis zum November 1942 unbesetzten südlichen Teil unter französischer Verwaltung, die in enger Kollaboration mit der deutschen Besatzungsmacht agiert. In Art. 19 des Vertrages verpflichtet sich Frankreich zur Auslieferung aller von der deutschen Regierung namhaft gemachter, auf französischem Territorium lebender Deutscher.

Materialien: Lesebuch S. 169–187 (Text 1)	**Zusatzmaterialien**: Henry and Elizabeth Urrow, Varian Fry. In: Harvard Magazine, 1990 S. 43–46 (Text 2, Auszüge) Peter von Becker, Varian Fry. In: Der Tagesspiegel 14.10.2007. (Text 3)

Einstieg: „Die französische Regierung verpflichtet sich, alle in Frankreich sowie in den französischen Besitzungen, Kolonien, Protektoratsgebieten und Mandaten befindlichen Deutschen, die von der Deutschen Reichsregierung namhaft gemacht werden, auf Verlangen auszuliefern."
Art. 19 des deutsch-französischen Waffenstillstandsvertrages vom 22. Juni 1940.

⇒ *Wer stand auf den Listen der Gestapo? Welches Schicksal erwartete diese Menschen?*

Arbeitsaufträge für alle:

1. Else und Konrad Reisner stehen ganz oben auf einer der Gestapo-Listen. Die Flucht aus Frankreich ist die einzige Möglichkeit, ihr Leben zu retten.
a) Lesen Sie Text 1; vermerken Sie die einzelnen Stationen ihrer Flucht in die U.S.A.
b) Stellen Sie den Fluchtweg der Reisners mit Hilfe Ihnen zur Verfügung stehenden Kartenmaterials auf einer stummen Karte dar. Überlegen Sie, wie Sie den Verlauf des Fluchtweges ansprechend illustrieren können.

2. Lesen Sie noch einmal die Seiten 177–181 im Lesebuch (Text 1).
Schildern Sie die Lage, in der sich Else und Konrad Reisner nach ihrer Flucht aus dem besetzten Teil Frankreichs nach Marseille befinden. *Nehmen Sie ggf. Ihr Geschichtsbuch zur Hilfe.*

Wahlaufgaben:

3. a) Formulieren Sie einen Brief der Reisners an ihre bereits emigrierten Freunde in den USA, in dem sie sich über ihre Situation in Marseille äußern.
oder
3. b) Entwerfen Sie einen Barographen, der das Auf und Ab der Stimmungen und Gefühle der Reisners in Marseille aufzeichnet.

4. Recherchieren Sie das Schicksal politischer Freunde, die die Reisners in Marseille wiedertreffen, z.B. Rudolf Breitscheid, Heinrich Mann oder auch Hilde Walter.
- *bei weniger Zeit:* Konzipieren Sie einen kurzen mündlichen Vortrag.
- *bei mehr Zeit:* Erstellen Sie eine deutschsprachige Exil-Zeitung, wie z.B. die in den U.S.A. erscheinende Zeitung *Der Aufbau*.

5. Informieren Sie sich über das Rettungswerk des jungen Amerikaners Varian Fry. (Texte 2 und 3)
a) Welche Motive seines Handelns lassen sich erkennen?
b) Welche Mittel setzt er ein, um den von Haft und Tod bedrohten Flüchtlingen zu helfen?

6. Ende August 1941 erzwingt die französische Regierung die Abschiebung Varian Frys (siehe Texte 2 und 3) aus Frankreich. Reflektieren Sie dieses Ereignis
als Artikel in der in den U.S.A. erscheinenden Exilzeitung *Der Aufbau*
oder
als Interview mit dem amerikanischen Konsul in Marseille Hugh Fullerton.

Materialien:

Text 2: Varian Fry

A fastidiously dressed American editor with a background in classics slipped into Marseille in mid-August of 1940. France had fallen to Nazi Germany eight weeks earlier. The steamy city was jammed with demobilized French soldiers and sailors, interned British, German officers, and refugees from the occupied north.

Varian Fry had come to help 200 European intellectual and political leaders escape Nazi vengeance. “I was at a complete loss about how to begin, and where”, he wrote later. “My job was to save certain refugees. But how was I to do it? How was I to get in touch with them? What could I do for them when I found them?”

Fry had traveled from New York with $3,000 in cash taped to his leg. He would disburse all of it within a fortnight and would learn to live by his wits. Harried by French police and hampered by uncooperative American Foreign Service officers, he discovered untapped reserves of nerves, leadership, and endurance. For more than a year he directed an improvised rescue operation that extended protection to more than 4000 artists, scholars, statesmen, and others whose lives were in jeopardy. He provided financial assistance to about 600 and arranged the legal or secret departures of at least 1,200 …

When France fell to the Nazis in June 1940, the armistice agreement required the collaborationist Vichy government to “surrender on demand” any former resident of the “Greater Reich” (all territory overrun by the Nazis). That imperiled thousands of creative artists, educators, political leaders, journalists, and professionals who had taken refuge in France. On June 25 the American Friends of German Freedom, in which Fry was active, held a large luncheon in New York. A plea for funds by the theologian Reinhold Niebuhr raised $3,500, and the Emergency Rescue Committee (ERC) was launched.

By this time, ten million refugees were choking the roads and cities of defeated France. The ERC's first step was to identify intellectual and political figures who might be rescued and to appoint an agent to help them reach Lisbon or Casablanca en route to the Americas. A subcommittee canvassed officials of museums, publishing firms, émigré organizations, and universities and came up with a list of 200 Europeans believed to be trapped …

In Marseille Fry met with Dr. Frank Bohn, who was on a similar mission for the American Federation of Labor. Bohn described conditions of opportune confusion. Although the French were not giving exit visas or safe-conduct passes to Marseille, where American visas were obtainable, the police paid little attention to refugees, and the Gestapo had not yet moved in. Refugees with overseas visas could get Portuguese and Spanish transit visas, then make their way to the frontier and cross on foot. So far none had been arrested. Some police seemed sympathetic … The work load kept growing. Letters began arriving from all over the unoccupied zone, many from concentration camps. By the end of Fry's second week, the lines outside his door were so long that the hotel manager complained. Henceforth refugees would wait in the lobby. One day the police took everyone in the queue to the station house to question them about Fry. As a cover, Fry and Bohn called on the secretary general of the prefecture and asked permission to form a small committee to help distressed refugees. It was granted, provided the committee did nothing illegal. A Jewish leather goods merchant who was going out of business contributed an office in the rue Grignan, and the *Centre américain de secours* opened at the end of August.
To refugees who couldn't be helped in other ways, the staff gave meal tickets supplied by the Quakers. When cash ran out, Fry and his aides were able to generate local sources of income. Plenty of Frenchmen were trying to get money out of the country, and they gladly exchanged their francs for dollar credits. In early September Fry escorted a group of refugees to Cerbère and over the Pyrenees to Madrid and Lisbon; the party included the Heinrich Manns, the Feuchtwangers, Thomas Mann's son Golo, and the novelist Franz Werfel and his wife, Alma Mahler Gropius Werfel. From Lisbon Fry was able to send a full report to the ERC in New York, and on his return trip he called on the British ambassador in Madrid and obtained $10,000 earmarked for the escape of British servicemen. About 300 were eventually smuggled out to Syria, North Africa, and Gibraltar …

Fry's achievements owed little to his own Foreign Service. Back in Marseille he learned that the city prefecture had complained about his activities to Consul General Hugh Fullerton, who had informed the State Department. A reply cable from Washington stated that the government could not countenance the activities, as reported, of Dr. Bohn and Mr. Fry and other persons in their efforts to evade the laws of countries with which the United States maintained friendly relations. Fullerton advised Fry to leave France before he was arrested or expelled. Fry ignored the advice. Long afterward, the late Harry Bingham, then a young vice-consul in Marseille, described Fullerton as "fairly pro-German, a man who thought the Nazis would win the war, and not sympathetic to refugees" …

Fresh problems drained Fry's energies. Spain closed its frontier. France tightened the screws: by the fall of 1940, French Jews could no longer hold public office, military commissions, or any other position that could influence "cultural life". Foreign Jews could be arrested and sent to concentration camps without explanation or the right of appeal. Foreigners between the ages of 18 and 55 could be put into forced-labor gangs. German army officers and Gestapo agents visited French concentration camps and picked out inmates to be sent to Germany …

In an effort to free those refugees on the ERC list who were in concentration camps, Fry sent Bénédite [Daniel Bénédite, former police administrator in Paris, member of Fry's staff betrayed to the police by a former worker at the Centre américain de secours] to visit the camps and report on conditions. Dysentery was endemic, typhoid epidemic. Lice, fleas, and bedbugs were rife. Over the protests of the U.S. consul general, Fry and Marcel Chaminade [journalist, member of Fry's staff] took Bénédite's reports to Vichy and left copies with embassy and ministry officials. For two weeks everyone at the American Embassy was "too busy" to help. Finally Fry was told by the third secretary, "We can't do anything for you, Mr. Fry. You don't seem to realize that the *Sûreté* has a dossier on you" …

Consul General Fullerton again told Fry that the police would arrest or expel him if he did not leave France voluntarily. Fullerton said he had asked the State Department to ask the ERC to recall Fry. He subsequently informed Fry that the ERC had acquiesced, but when Fry queried the committee he was told it had never consented to his recall. Fry was understandably amazed when Fullerton helped him out by intervening to have Bénédite released, on the grounds that his confinement would hamper the work of a private American organization. Playing for time, Fry formed a committee that included Pablo Casals, André Gide, Aristide Maillol, and such Americans as Henry Luce and Mrs. John R. Rockefeller Jr. But on August 29, 1941, with the approval of the American Embassy, the Interior Ministry ordered Fry's expulsion. As an undesirable alien, he was to be conducted to the Spanish border and *refoulé* – pushed out. Two detectives took Fry to his office to clear out his desk and to the villa to pack. He was then escorted by train to Cerbère …

Fry had a hard time finding work when he returned to New York. He tried to enlist, but the army rejected him because he had a chronic stomach trouble. Ironically, army doctors doubted that he could stand the pressure of wartime conditions in Europe. Fry's marriage collapsed, and he drifted from one job to another. For the rest of his life he remained a frustrated man. Writing, teaching, film production, a stint as editorial director for Coca-Cola Export: nothing seemed to work out. He married a second time, fathered three children, and cultivated his pleasures: roses, bird-watching, good talk, wine, food, languages. In April 1967 the French government made him chevalier of the Legion of Honor. The belated recognition lifted his spirits. He started writing a second book of war memoirs and moved out of New York to begin a new job teaching high-school Latin in Redding, Connecticut. But in September, just short of his sixtieth birthday, Fry suffered a fatal heart attack …

Quelle: Henry and Elizabeth Urrow, Varian Fry. Harvard Magazine 1990. S. 43–46

Text 3: Varian Fry

Morgen wäre er 100 Jahre alt geworden, und vor fast genau 40 Jahren ist er in seinem Holzhaus an der amerikanischen Ostküste mit knapp 60 einsam, vielleicht unterstützt von erlösenden Schlaftabletten gestorben. Varian Fry, damals Lateinlehrer irgendwo in Connecticut, fast vergessen, doch einst der Mann, dem Alfred Döblin, Heinrich und Golo Mann, Lion Feuchtwanger, Franz Werfel, Alma Mahler, Walter Mehring, Hannah Arendt und auch Marc Chagall oder Max Ernst und André Breton aus Südfrankreich die Flucht vor den Nazis verdankten. Ebenso wie zweitausend andere Künstler, Wissenschaftler, Politiker, Publizisten, Verfolgte – Juden und Nichtjuden, Deutsche, Österreicher, Franzosen, Staatenlose.

Sie alle nannten ihn: den „amerikanischen Schutzengel“. Der später in New York lebende, in Berlin 1993 begrabene Schriftsteller Hans Sahl bat kurz vor seinem Tod einen Freund, den Daimler-Benz-Vorsitzenden Edzard Reuter, im wiedervereinigten Berlin an Varian Fry zu erinnern. Jetzt gibt es bei der Daimler-City am Potsdamer Platz die kleine Varian-Fry-Straße. Aber Frys zuerst 1945 in den USA, dann 1986 auch auf Deutsch erschienene Memoiren „Auslieferung auf Verlangen“ sind nur noch antiquarisch erhältlich; und allenfalls Eingeweihte kennen seinen Namen und seine Geschichte, die ab 1940 ein Stück Weltgeschichte war.

Damals kam der kaum 33-jährige New Yorker Journalist mit einer (von Thomas Mann und seinen Kindern Erika und Klaus mitverfassten) Liste von 200 Namen bedrohter Künstler und einer Empfehlung der Präsidentengattin Eleanor Roosevelt und 3000 Dollar nach Marseille. Im Auftrag des von europäischen Emigranten und amerikanischen Helfern in einem New Yorker Hotel gegründeten „Emergency Rescue Committee“ sollte er drei Wochen bleiben. Fry blieb, zunächst auf eigene Faust, 13 Monate – bis ihn die Polizei der im unbesetzten Südfrankreich mit den Deutschen kollaborierenden Vichy-Regierung auswies.

Die Botschaft von der Ankunft des sagenhaften Amerikaners hatte sich schon nach wenigen Tagen wie ein Lauffeuer in Marseille und entlang der Côte d'Azur verbreitet, wo tausende Verfolgte oder Bedrohte vor den Nazis Zuflucht gesucht hatten und viele noch in den Internierungslagern der französischen Vichy-Verwaltung saßen. Assistiert von einer jungen amerikanischen Millionärin und dem in Berlin geborenen späteren Harvard-Starökonomen Albert Hirschman, besorgte Fry echte und falsche US-Visa, ließ Pässe fälschen, organisierte Schiffspassagen und mithilfe der legendären Widerständlerin Lisa Fittko die geheimen Kletterpartien über die Küstenberge an der französisch-spanischen Grenze bei Port Bou: dort, wo auch manche das Wechselbad zwischen Todesangst und Hoffnung nicht mehr ertrugen. Walter Benjamin war einer von jenen, die sich, die Rettung vor Augen, doch das Leben nahmen.

Fry kämpfte dabei nicht nur mit den Nazis, mit Gestapo-Spitzeln und Kollaborateuren. Auch dem zu dieser Zeit reich mit Antisemiten und Hitler-Sympathisanten bestückten US-Außenministerium war Fry nicht geheuer. Nach seiner Rückkehr wollte man ihm auch nicht glauben, als er 1942 als einer der Ersten in den USA einen Artikel über das „Massaker an Europas Juden“ veröffentlichte. Bereits 1935 hatte Fry, im Jahr der Nürnberger Gesetze, Deutschland bereist. Nach 1945 drangsalierten ihn McCarthys

Kommunistenjäger. Jetzt erinnert die Jerusalemer Gedenkstätte Jad Vaschem an ihn. Und ab 18. November soll es in der Berliner Akademie der Künste eine Ausstellung geben, „Varian Fry: Berlin – Marseille – New York“. Immerhin.
Quelle: Peter von Becker, Der Tagesspiegel, 14.10.2007

Else und Konrad Reisner	Thema: Verfolgung und Widerstand im Nationalsozialismus	Anzahl der Unterrichtsstunden: 2–3
Sek II	Else Reisner und ihr Widerstand gegen das NS-Regime	

„Ich wollte den Rassenwahn der Nazis nicht mitmachen“

War es möglich, Widerstand zu leisten?

Angaben zu Else Reisner: Sie wird am 27. Oktober 1910 in Mannheim als Tochter eines Metallarbeiters geboren. Sie wächst in der sozialdemokratischen Tradition ihres Vaters auf und ist bereits als junges Mädchen in der Arbeiterjugend ihrer Heimatstadt aktiv. Später wird sie Mitglied der Mannheimer Jungsozialisten und erhält im Sommer 1930 die Möglichkeit, mithilfe eines Stipendiums an der Heimvolkshochschule Schloss Tinz (Thüringen), einer Bildungsstätte der jungsozialistischen Bewegung, zu studieren. 1931 heiratet sie den jüdischen Journalisten Heinrich Heilbrunn und zieht mit ihm nach Nürnberg – schon damals eine Hochburg der nationalsozialistischen Bewegung –, wo sie als Vorsitzende der dortigen Jungsozialisten und in Artikeln für die sozialdemokratische Presse ihre politische Arbeit fortsetzt.

Angaben zu Sophie Scholl: Am 9. Mai 1921 in Forchtenberg geboren; Mitglied der Widerstandsgruppe „Die Weiße Rose“. Am 18. Februar 1943 verteilen sie und ihr Bruder Hans im Lichthof der Münchener Universität Exemplare eines Flugblattes, in dem sie zum aktiven Widerstand gegen das NS-Regime auffordern. Sie werden beim Auslegen der Blätter vom Hausmeister der Universität gestellt und der Gestapo übergeben. Beide werden wenige Tage nach der Verhaftung zum Tode verurteilt und am 22. Februar in München-Stadelheim hingerichtet.

Materialien: Lesebuch	**Zusatzmaterialien:**
- S.153–155 (Else; „Nach dem Reichstagsbrand Ende Februar…“) - S. 155 (Elses erster Ehemann Heinrich („Hein“) „Inzwischen wurden die Nachrichten immer schlimmer…“) - S.156–163 (Else und ihr erster Ehemann; „Aber dann fingen unsere Probleme erst richtig an. …“)	Foto – Hamburger Werftarbeiter beim Stapellauf des neuen Schulschiffes der deutschen Marine „Horst Wessel“ 1936 Briefe Sophie Scholls in Auszügen (Material 1–3)

Einstieg: Foto – Hamburger Werftarbeiter 1936 *(siehe Abbildung 1 in Vorschlag für Sek I)*

Impuls: Suchen Sie diejenige Person auf dem Foto, die sich offensichtlich anders verhält als die restlichen Werftarbeiter. *Was zeichnet ihre Haltung aus?*

Arbeitsaufträge:

1. Erarbeiten Sie anhand der Textausschnitte die Situation, in der sich Else Reisner im Februar 1933 befindet.

⇒ Erläutern Sie in diesem Zusammenhang auch den historischen Hintergrund der Ereignisse um den Reichstagsbrand. Nehmen Sie ggf. Ihr Geschichtsbuch oder weitere Zusatzmaterialien zuhilfe.

2. Vergleichen Sie die Aufzeichnungen Else Reisners mit denen Sophie Scholls.

a) Wie beschreiben beide die Situation, in der sie sich befinden?

b) Welche Auffassung vertreten Else Reisner und Sophie Scholl hinsichtlich der politischen und gesellschaftlichen Entwicklung ihrer Zeit?

Sophie Scholl schreibt in den drei folgenden Briefen an ihren Verlobten Fritz Hartnagel. Ihr Bruder Hans und auch Fritz Hartnagel befinden sich zu dieser Zeit im Kriegseinsatz in Frankreich. Sophie Scholl arbeitet im gleichen Jahr als Kindergärtnerin am Ulmer Fröbel-Seminar, eine Tätigkeit, die als Ersatz für die halbjährige Pflichtzeit beim Reichsarbeitsdienst angerechnet wurde.

Material 1: Ulm, 9.4. 1940

(…) Manchmal graut mir vor dem Krieg, und alle Hoffnung will mir vergehen. Ich mag gar nicht daran denken, aber es gibt ja bald nichts anderes mehr als Politik, und solange sie so verworren ist und böse, ist es feige, sich von ihr abzuwenden. Wahrscheinlich lächelst Du und denkst, sie ist ein Mädchen. Aber ich glaube, ich wäre sehr viel froher, wenn ich nicht mehr unter dem Druck stünde – ich könnte mit viel besserem Gewissen anderem nachgehen. So aber kommt alles andere erst in zweiter Linie. Man hat uns eben politisch erzogen. (Jetzt lachst Du wieder.) Ich möchte mich nur wieder bei Dir ausruhen und nichts anderes sehen und spüren als das Tuch von Deinem Anzug.

Ist dies ein schlechter Brief? Es ist ein frischer Luftzug in Dein dumpfes Zimmer, womöglich macht es Deine Stubenluft noch dumpfer. Nimm mir's nicht übel. Das dauernde Angespanntsein macht mich so nervös. Überall angespannt, auch zu Hause bei uns, wo immer bis nachts gearbeitet wird, wo mein Vater gereizter Stimmung ist, wo keine ruhige Stunde aufkommen mag. (Dies ist wieder übertrieben, manchmal kommt schon eine, aber sie ist selten.) (…)

Quelle: Hans und Sophie Scholl, Briefe und Aufzeichnungen. Herausgegeben von Inge Jens. Frankfurt/Main 2003. S. 174.

Material 2: Ulm, 14.6.1940

Mein lieber Fritz,

nimm´s mir nicht übel, wenn ich Dir heute nur einen kurzen Gruß schicke. Ich will mich Sonntag hinsetzen und versuchen, Dir einen langen Brief zu schreiben. Ich danke Dir sehr, daß Du verhältnismäßig oft von dir hören läßt. (…) Liegst Du noch mit Deinem Zelt im Wald? Es sieht ja ganz so aus, als würdet Ihr bald wiederkommen. Ich will nicht orakeln. Es kann auch noch anders werden. Ich bin eigentlich ziemlich unberührt von jeder Wendung. Das heißt, ich habe mich im voraus auf alles eingestellt. Ich frage mich nur manchmal, ob wohl in früheren Jahrhunderten auch so oberflächlich gedacht und gelebt wurde wie heute. Oder ob allmählich, wenn die Zeit zurücksinkt, auch ihr Schlechtes in den Hintergrund tritt und das Gute besonders hell leuchtet?

Jedenfalls glaube ich, daß der Einzelne, wie der Ausgang auch sei, zu wachen hat, und erst recht dann, wenn ihm das schwer gemacht wird. Du glaubst doch auch, daß man niemals dies nach oben nivellieren kann, so erstrebenswert dies auch scheint. Wenn schon nivelliert wird, dann geschieht dies immer nach unten. Aber auch hier ist uns vom Schicksal eine glänzende Gelegenheit geboten, uns zu bewähren. Vielleicht soll man auch das nicht zu gering schätzen. (...)

Quelle: Hans und Sophie Scholl, Briefe und Aufzeichnungen. Herausgegeben von Inge Jens. Frankfurt/Main 2003. S. 180f.

Material 3: Ulm, 28.6.1940

Mein lieber Fritz!

Vorgestern erhielt ich wieder einen Brief von Dir. (...) Hans schreibt, daß er Tag und Nacht zu tun habe. Er ist wieder ganz gesund (so schreibt er) und in einem Lazarett, ich glaube, bei Reims. Er hatte die Verwundeten von Soissons wieder helfen herzustellen. Die Einstellung der meisten Leute hier ist so: wie der Krieg ausgeht, ist egal, wenn nur mein Mann oder Sohn bald wieder gesund heim kommt. (...)

Wenn ich nicht wüßte, daß ich wahrscheinlich viele ältere Leute überlebe, dann könnte mir manchmal grauen vor dem Geist, der heute die Geschichte bestimmt. Nun, wo der große Löwe geschlachtet ist, wagen sich Schakal und Hyäne hervor, um auf ihre Rechnung zu kommen. Sicher stehst Du ganz anders als ich in all dem heutigen Geschehen. Du hast viel zu tun. Ich tue meine Arbeit, die sich in Krieg und Frieden gleich bleibt. Manchmal tue ich sie gerne, oft auch nicht. Du findest es sicher unweiblich, wie ich Dir schreibe. Es wirkt lächerlich an einem Mädchen, wenn es sich um Politik kümmert. Sie soll ihre weiblichen Gefühle bestimmen lassen über ihr Denken. Vor allem das Mitleid. Ich aber finde, daß zuerst das Denken kommt, und daß Gefühle oft irreleiten, weil man über dem Kleinen, das einen vielleicht unmittelbarer betrifft, vielleicht am eigenen Leib, das Große kaum mehr sieht. (...)

Gestern war ich auch an der Iller, nicht zum Baden. Ich bin gern abends allein an einem Fluß. Nichts lenkt mich ab. Du siehst, ich komme immer zu meinem Teil. (...)

Quelle: Hans und Sophie Scholl, Briefe und Aufzeichnungen. Herausgegeben von Inge Jens. Frankfurt/Main 2003. S. 184f.

3. In der Debatte um die Aufarbeitung der nationalsozialistischen Verbrechen wird immer wieder die Ansicht vertreten, die Mehrheit der Deutschen hätte nichts von der Vernichtung der Juden gewusst.

Bilden Sie sich auf der Grundlage der Aufzeichnungen Else Reisners ein begründetes Urteil zu dieser Aussage.

Text: Laureen und Rudi Nussbaum	Verfolgung und Vernichtung	Anzahl der Unterrichtsstunden: 2–3
Sek II	Die Juden-Rettungsaktion	

„Calmeyers Listen“

Hans Calmeyer und die Judenrettung

Skizze der Vorgeschichte:

Anfang Mai 1940 überfallen deutsche Truppen die neutralen Niederlande, besetzen das Land und errichten ein ziviles Besatzungsregime, das „Reichskommissariat für die besetzten Niederlande“. Wenig später beginnt auch in Holland die Entrechtung, Verfolgung und schließlich Vernichtung der jüdischen Bewohner des Landes. Im Januar 1941 ordnen die deutschen Besatzungsbehörden in der sog. VO 6/41 die Erfassung der jüdischen Bevölkerung in Melderegistern an. Anfang Juli 1942 werden die ersten Meldebefehle zum „Arbeitseinsatz im Osten“ an Juden im Alter von 16–40 Jahren versandt.

Einen solchen Meldebefehl erhält auch Margot Klein, die ältere Schwester von Laureen Nussbaum (damals Hannelore Klein). Die Familie Klein war 1936 im Angesicht der unmittelbar nach der Machtergreifung der Nationalsozialisten einsetzenden Diskriminierung und Verfolgung der jüdischen Mitbürger aus Deutschland in das holländische Exil nach Amsterdam geflohen.

Angaben zu Hans Calmeyer:

Er wird am 23. Juni 1903 als jüngster Sohn von Elisabeth und Rudolf Calmeyer in Osnabrück geboren. Die Mutter stammt aus einer alteingesessenen Osnabrücker Familie, der Vater ist Richter und hat in diesem Beruf eine steile Karriere vor sich. Hans Calmeyer studiert Jura in Freiburg, Marburg, München und Jena und lässt sich Anfang 1931 als Anwalt in Osnabrück nieder. Als kapitalismuskritischer Linksliberaler ist Hans Calmeyer ein erklärter Gegner der Nationalsozialisten. 1933/34 wird ihm zeitweise die Berufserlaubnis wegen „Betätigung im kommunistischen Sinne“ entzogen.

1939 wird Hans Calmeyer zur Wehrmacht eingezogen und nimmt 1940 als Soldat am Feldzug gegen die Niederlande teil. Im März 1941 wird er aus der Wehrmacht entlassen und arbeitet bis zum Ende des Krieges als Jurist in der Verwaltung des besetzten Landes, zuständig für die Durchführung der Meldeverordnung vom 10. Januar 1941 (VO 6/41). Hier steigt er bis zum Leiter der „Entscheidungsstelle“ für Fragen der jüdischen Abstammung auf.

Materialien (Lesebuch) Text 1: S. 256 (Verordnung) Text 2: S. 255–259 („Wie sah das für meine Familie im Sommer 1942 aus?...“; *Laureen*) evtl. Kurzinformation im Anhang, S. 315 Text 3: Peter Niebaum, Hans Calmeyer – ein „anderer Deutscher“ im 20. Jahrhundert. Berlin 2011. S.18f., S. 192–195.	**Zusatzmaterialien**: Bilder und Namensschilder (nicht zugeordnet) (siehe Einstieg) Seite der Hans-Calmeyer-Stiftung (www.hans-calmeyer.de)

Einstieg:

Fotoreihe verschiedener Personen, die dem Widerstand im Nationalsozialismus zugerechnet werden (z.B. Sophie und Hans Scholl – Georg Elser – Hans Calmeyer – Herbert Baum – Dietrich Bonhoeffer – Otto und Elise Hampel)

⇒ Namensschilder

⇒ *Ordnen Sie die Namen den abgebildeten Personen zu. Was zeichnet diese Personen aus?*

Arbeitsaufträge:

1. Wer wurde in der Meldeverordnung VO 6/41 von den deutschen Besatzungsbehörden als jüdisch eingestuft? (Text 1)

2. Zwischen 1941 und 1944 gehen mehr als 5000 Anträge auf Abstammungsüberprüfung bei der „Entscheidungsstelle für Zweifelsfälle der Abstammung gemäß VO 6/41“ ein, deren Leiter Hans Calmeyer ist. Etwa 3000 Fälle werden zugunsten der Antragsteller entschieden.
⇒ *Wie war dieses Rettungswerk möglich? Wie ging Hans Calmeyer vor?* (Texte 2 und 3)

3. Entwerfen Sie das Gesuch, das der holländische Anwalt der Familie Klein an die deutschen Besatzungsbehörden richtet, um die jüdische Abstammung der Mutter, Marianne Klein, abzustreiten. (Texte 2 und 3)

Wahlaufgaben:

4. In der Gedenkstätte „Stille Helden“ in Berlin, die Menschen gewidmet ist, die während der Nazi-Diktatur Widerstand gegen die Judenverfolgung leisteten, wird auf das Rettungswerk Hans Calmeyers nur mit einem kurzen Beitrag hingewiesen.
⇒ Schreiben Sie einen eigenen Beitrag über das Rettungswerk Hans Calmeyers und schicken Sie ihn an die Leiterin der Gedenkstätte *Frau Dr. Beate Kosmala, Rosenthaler Str. 39,10178 Berlin.*

5. Recherchieren Sie im Internet: Analysieren Sie die Internetseite der Hans-Calmeyer-Stiftung. Entwickeln Sie Kriterien für das sinnvolle Erinnern an Personen wie Hans Calmeyer und überprüfen Sie den Internetauftritt hierauf.

6. Führen Sie eine Diskussion verschiedener Vertreter der Stadt Osnabrück durch, die darüber streiten, ob man einen (zentralen) Platz oder eine Straße in Osnabrück nach Hans Calmeyer benennen sollte.

7. Hans Calmeyer war auch in seinem späteren Leben nie frei von dem Schuldgefühl, verantwortlich für den Tod von Menschen zu sein, deren Anträge er in seiner Tätigkeit als Leiter der Abstammungsstelle ablehnen musste.
Was würden Sie ihm in einem Gespräch zu diesen Selbstvorwürfen sagen?

Text 3

Diese Tätigkeit [für die deutschen Besatzungsbehörden in Den Haag] besteht zunächst darin, die bis März eingegangenen Meldebögen jüdischer Einwohner der Niederlande zu bearbeiten und auszuwerten …

Calmeyer beginnt sogleich damit, „Paradefälle“ – wie er sie bei sich nennt – zu sammeln, etwa solche, in denen sich Bürger – aus Liebe zu einem Partner, aus Solidarität mit Betroffenen – als jüdisch ausgegeben haben, die gar keine Juden sind. In anderen Fällen liegen Komplikationen vor, wenn etwa jemand zwar der Konfession, nicht aber der „Rasse“ nach jüdisch ist, Wirren, die zu den – nicht sehr logischen – deutschen „Rassegesetzen“ nicht passen oder in unverständliche, rational kaum vermittelbare Probleme führen müssten.

Seine Berichte sind in einer Sprache der „Meldefreudigkeit“ abgefasst und loben das „instinktive Rasse-Selbstbewusstsein des Niederländers“; weniger „Mischlinge“ gebe es als im Reich, überhaupt auch weniger Juden als bisher angenommen – die seien geradezu eine schnell aussterbende Bevölkerungsgruppe. Camouflage, Mimikry, Eulenspiegelei: Hans Calmeyer. Rund 140.000 Personen – angeblich – voll- oder teiljüdischer Abstammung haben sich zwischen Januar und März gemeldet.

Calmeyer vergleicht die VO 6/41 mit Regelungen, die im besetzten Belgien und in Deutschland gelten – und stößt auf Ungereimtheiten. Ein Geniestreich gelingt ihm mit seinem „Vermerk betreffend das Problem praesumtio iuris et de iure“ vom 16. Juni 1941…

Calmeyer nennt hier Beispiele, in denen ein nur formales (zudem im niederländischen Recht nicht bekanntes) Rechtsvermuten auf jüdische Herkunft glatt in die Irre führt – und plädiert für die Möglichkeit eines Gegenbeweises (der nach den deutschen Rassegesetzen nicht zulässig ist).

Mit diesem juristischen Winkelzug beginnen Calmeyers Listen – allesamt darauf angelegt, jüdischen oder teiljüdischen Menschen in den Niederlanden Auswege aus der drohenden Verfolgung zu eröffnen. Er wird Urteile niederländischer Zivilgerichte über die Zugehörigkeit zu Religionsgemeinschaften sowie eidesstattliche Erklärungen als Beweismittel anerkennen – und sich auch damit durchsetzen. Die nun gegebene Möglichkeit zum „Beweis“ gegen eine bisher nach Aktenlage vermutete jüdische Herkunft lässt eine „Entscheidungsstelle für Zweifelsfälle der Abstammung gem. VO 6/41“ entstehen. Diese Einrichtung wird äußerst folgenreich. Ihr Leiter: Hans Calmeyer.

Mehr als 5000 Anträge auf Abstammungsüberprüfung gehen in den folgenden Jahren ein. Solange die Prüfung andauert, sind die Petenten auf Calmeyers „Rückstellungslisten“ und mit dem entsprechenden Stempel im Ausweispapier zumindest vor der Deportation einigermaßen zuverlässig geschützt. Ausnahmen bestätigen die Regel. Der SD schreckt vor Übergriffen nicht zurück ...

Was vor diesem Hintergrund schnell aufblüht, ist eine regelrechte Fälschungsindustrie. Man besorgt alte Papiere, falsche Stempel, chemisch gealterte Tinte, fälscht Kirchenbücher und andere Urkunden – Pastoren, Standesbeamte usw. wirken dabei mit. Rund 95% der Calmeyer und seinen Mitarbeitern vorgelegten „Dokumente“ sind Fälschungen. Bei den Betroffenen entsteht geradezu der Eindruck, bei der Dienststelle „Dr. Kallmeyer“ können man „sich arisieren lassen“.

Quelle: Peter Niebaum, Hans Calmeyer – ein „anderer Deutscher“ im 20. Jahrhundert. Berlin 2011. S. 18f.

Text 3 (Fortsetzung)

In seinen Kontakten mit holländischen Rechtsanwälten ließ er [Hans Calmeyer] keinen Zweifel an seiner Einstellung aufkommen. Er war entschieden gegen die deutsche Politik gegenüber den Juden, ja, er verabscheute sie geradezu. In seinen Mitarbeiterstab berief er Personen, die sich mit dieser Einstellung identifizieren konnten. [...]

Bereits im ersten Monat nach seinem Amtsantritt legte Calmeyer ein Memorandum vor, in dem er eine Tür zur Rettung von Juden aufzureißen versuchte. Er argumentierte, daß die Registrierungsverordnung der holländischen Juden auf dem in Deutschland geltenden Gesetz begründet war. Darin war festgelegt worden, daß ein Großelternteil jüdisch war, wenn dessen Eltern Juden waren, falls sie einer jüdischen Gemeinde angehört hatten; nach dem deutschen Gesetz gab es keine Möglichkeit, gegen diese Festlegung Einspruch zu erheben und z.B. zu argumentieren, daß eine Person, die Mitglied einer jüdischen Gemeinde war, der Rasse gemäß Arier war bzw. daß seine Zugehörigkeit nur kurzfristig bestand (z.B.: ein Kind, das in der jüdischen Gemeinde eingetragen war, aber bald wieder ausgeschieden ist). In Deutschland allerdings hatte der Führer kraft Gesetz das Recht, diese Bestimmung aufzuheben; eine solche Möglichkeit gab es in der Verordnung für Holland nicht, und darum hatte es schwerwiegende Folgen für die Personen, die keine rassische Beziehung zum Judentum und sich sogar mit der nationalsozialistischen Weltanschauung identifiziert hatten. Aus diesem Grund schlug er vor, daß es, im Gegensatz zur deutschen Gesetzgebung zulässig war, gegen die Festlegung des Jüdischseins der Großeltern Einspruch einzulegen. Seine Vorgesetzten stimmten diesem Vorschlag (sicherlich nach Beratung mit Seyß-Inquart, dem nationalsozialistischen Statthalter) zu. Seyß-Inquart war natürlich der Meinung, daß es sich um eine begrenzte Anzahl von Fällen handelte, bei denen die Negativ-Entscheidung auch ein unliebsames Echo in den Kreisen haben könnte, um deren Sympathie man werben wollte. Calmeyer verwandelte das Recht auf Widerspruch allerdings in ein Instrument zur Rettung von Juden. Ganz besonders, als die Deportationen begannen, deren Ziel ihm wohlbekannt war. Nachdem die Registrierung in einzelnen Fällen annulliert worden war, machte unter den Rechtsanwälten das Gerücht über Calmeyers Einstellung sehr bald die Runde. In der ersten Phase stellte die Annullierung der Registrierung die Verwandlung eines Volljuden in einen Halbjuden, einen Vierteljuden oder gar in einen Arier dar. Es kam vor, daß für eine solche Person die antijüdischen Verordnungen nicht galten. Um den Widerspruch zu begründen, waren Unterlagen nötig, die beweisen konnten, daß die Väter und Mütter des Antragstellers nicht jüdisch waren bzw. daß der Anteil jüdischen Blutes, das in seinen Adern floß, kleiner war als es aufgrund des auszufüllenden Formulars gemäß Registrierungsverordnung schien. [...]

Sehr bald stellte sich heraus, daß Calmeyers Amt bereit war, nicht nur klare Fälle, die sich auf authentische Dokumente beriefen, anzuerkennen, sondern auch mündliche Zeugenaussagen, die in der Tat nicht ganz stichhaltig waren, wie z.B. die Aussage eines alten Mannes, der erzählte, daß im Dorf Gerüchte im Umlauf waren, wonach die Großmutter des Antragstellers von einem Arier geschwängert worden war und daß das Kind vom Ehemann der Großmutter adoptiert worden war. „Ich wusste nicht“, bemerkte Wander [ein Mitarbeiter Calmeyers] bei einer Gelegenheit im Scherz, „daß die jüdischen Frauen dermaßen unmoralisch waren.“ Es entstand eine regelrechte Dokumentenfälschungsindustrie: Geburtsurkunden, Heiratsurkunden, Taufscheine usw. – selbstverständlich war es wichtig, dafür zu sorgen, daß die Schrift, das Papier, die Formulierungen der jeweiligen Zeit entsprachen, in der die Dokumente angeblich ausgestellt waren. Calmeyer war praktisch dazu bereit, den Besitzer eines jeden Dokuments anzuerkennen, wenn er der Meinung war, daß er seine Entscheidung verteidigen konnte, falls er deswegen angegriffen würde. Bei seinen Entscheidungen verließ er sich immer mehr auf seine Intuition. All diejenigen, die von ihm anerkannt wurden (Arier, Halb- oder Vierteljuden), blieben von der Deportation verschont, obwohl sie nicht von den Verordnungen (ausgenommen: die „Arier“), die Juden betrafen, ausgenommen waren, z.B. dem Tragen eines gelben Judensterns. [...]

Quelle: Peter Niebaum, Hans Calmeyer – ein „anderer Deutscher“ im 20. Jahrhundert. Berlin 2011. S. 192–194.

Text: Pfarrer Schnittger	Erinnerung an den Nationalsozialismus	Anzahl der Unterrichtsstunden: 2–3
Sek II	Erinnern an die NS-Vergangenheit in der Ära Adenauer	

Vergessen oder Erinnern?

Der Umgang der jungen Bundesrepublik mit ihrer NS-Vergangenheit

Angaben zu Pfarrer Schnittger: Pfarrer Schnittger kehrt im März 1948 in seine Heimatstadt Detmold zurück und übernimmt in der Lippischen Landeskirche das „Amt für Kirche und Schule". Durch eine weitsichtige und kluge Schulpolitik gelingt es ihm, das aus der NS-Zeit belastete Verhältnis von Schule und Kirche neu zu ordnen. Seine thüringische Gemeinde, in der er über 20 Jahre als Pfarrer tätig war, sah er nicht mehr wieder. Neuhaus-Schierschnitz lag in der im Mai 1952 eingerichteten 5km tiefen Sperrzone und war in dieser Zeit besonders restriktiv gehandhabten Einreisegenehmigungen unterworfen.

Materialien:	**Zusatzmaterialien (optional):**
- Lesebuch S. 92–95 - Wahlplakat der CSU zu den Bundestagswahlen 1957 (*Konrad Adenauer – Keine Experimente*)	Heinrich Böll, Nicht nur zur Weihnachtszeit. Satiren. München 1966. S. 87–112. Wolfgang Staudte, „Rosen für den Staatsanwalt" (Spielfilm, BRD 1959).

Einstieg: Wahlplakat der CSU zu den Bundestagswahlen 1957 *(siehe Abbildung 1 in diesem Vorschlag)*

⇒ *Kommentieren Sie dieses Plakat.*

Arbeitsaufträge:

1. Halten Sie Ihre Ergebnisse (Vermutungen, Kommentare) zu diesem Plakat mittels eines Advance Organizers fest.

2. Formulieren Sie Fragen, die im weiteren Verlauf des Unterrichts untersucht werden sollen.

3. Lesen Sie die Predigt Pfarrer Schnittgers zum Volkstrauertag 1958 (Lesebuch S. 92ff.). Notieren Sie die wichtigsten Gedanken auf einem Plakat. (*Hinweis: Gestalten Sie die Auflistung so, dass die Ergebnisse aus Aufgabe 4 hinzugefügt werden können*).

4. Erarbeiten Sie mit Hilfe Ihres Geschichtsbuches Ihnen relevant erscheinende Aspekte der historisch-gesellschaftlichen Entwicklung der damals jungen Bundesrepublik Deutschland. Halten Sie Ihre Ergebnisse ebenfalls auf Ihrem Plakat fest.

5. Ziehen Sie eine erste Bilanz bezüglich der von Ihnen anfangs aufgeworfenen Fragen (vgl. Advance Organizer).

Wahlaufgaben:

6.1 Welches Bild der deutschen Nachkriegsgesellschaft zeichnet Heinrich Böll in seiner Satire *Doktor Murkes gesammeltes Schweigen?*

6.2 Sehen Sie sich Ausschnitte aus dem Film *Rosen für den Staatsanwalt* an. Welches Bild der deutschen Nachkriegsgesellschaft geht aus den Filmszenen hervor?

Vorschläge:
- Verhandlungsszene, Verurteilung zum Tode durch Kriegsgerichtsrat Schramm (Martin Held, Walter Giller) (ca. 3 Minuten)
- Gespräch im Gericht, verschwundener Haftbefehl für inhaftierten Studienrat (ehemaliger NS-Beamter) (ca. 5 Minuten)
- Szene im Hause des Oberstaatsanwalts Schramm, Ehefrau und Kinder lesen verschiedene Zeitungsartikel über die Flucht des Studienrats (ca. 5 Minuten)
- Oberstaatsanwalt Schramm erinnert sich an den Gefreiten Kleinschmidt und das Todesurteil; Beschlagnahmung der Karten auf dem Polizeirevier (ca. 10 Minuten)
- Szene im Restaurant (3 Männer, u.a. Kugler), Oberstaatsanwalt Schramm betrinkt sich; Frau Oberstaatsanwalt kauft ein; Vorgehen der 3 Männer (ca. 15 Minuten); Unterhaltung Kuglers mit Oberstaatsanwalt Schramm; Gespräch über Essensabsage des Oberstaatsanwalts (ca. 2 Minuten)

7. Kehren Sie zu den Fragen des *Advance Organizers* zurück, falls einige noch offen sein sollten. Diskutieren Sie im Plenum, wie diese geklärt werden können.

8. *Wie beurteilen Sie die heute praktizierte Erinnerungskultur hinsichtlich der nationalsozialistischen Gewaltherrschaft*?

a) Wählen Sie hierzu ein (aktuelles) Beispiel.

oder

b) Diskutieren Sie das Konzept der Topographie des Terrors zu dieser Fragestellung (http://www.topographie.de).

Abbildung 1: Wahlplakat der CSU zu den Bundestagswahlen 1957

(Bildquelle: Wikimedia Commons)

Else und Konrad Reisner	Umgang mit der NS-Vergangenheit	Anzahl der Unterrichtsstunden: 2–3
Sek I/II	Leben und Überleben nach 1945	

Nach dem Ende des NS-Regimes

Ist eine Rückkehr zur Normalität möglich?

Angaben zu Konrad Reisner: Er wird am 2. Januar 1908 in Breslau geboren, als Sohn eines Anwalts und einer bekannten französischen Konzertpianistin. Breslau gehörte damals noch zu Deutschland, heute ist die Stadt polnisch und heißt Wroclaw. Nach dem Abitur studiert er Jura in Berlin, Genf und Breslau. Ende März 1933, kurz vor seinem 2. Juristischen Staatsexamen muss er aus Deutschland fliehen, denn als engagierter Pazifist und Mitglied der Sozialistischen Arbeiterpartei (SAP) gilt er in den Augen der Nationalsozialisten als Verbrecher und Landesverräter. Er flieht über Prag nach Paris, wo ihn seine französische Großtante, eine Pariser Ärztin, bei sich aufnimmt. Mit dem Tag seiner Ankunft in Paris im April 1933 setzt er seine gegen die Nationalsozialisten gerichtete politische Arbeit im Rahmen der *Französischen Liga für Menschenrechte* fort. In den Jahren 1933–36 gehört er zur kleinen Gruppe des deutschen Exils, die in der Nobelpreiskampagne für Carl von Ossietzky eine führende Rolle spielte. Konrad Reisner überlebt die Verfolgung durch die Gestapo im besetzten Frankreich; es gelingt ihm, gemeinsam mit seiner Frau Else in die USA zu fliehen.

Materialien:
Lesebuch S. 188–191; S. 192–194 (Konrad Reisner)

Einstieg:

Material: *Else Reisner berichtet von ihrer Ankunft in den Vereinigten Staaten:*

Am 10. Oktober sind wir an der Freiheitsstatue im Hafen von New York vorbeigefahren. Wir haben sie begeistert begrüßt. Am nächsten Tag hat die „Nea Hellas" in Hoboken, New Jersey angelegt. Wir wurden von vielen Freunden, die Amerika schon vor uns erreicht hatten, begrüßt. Ein wunderbares Gefühl.

Endlich waren wir wirklich sicher vor Verfolgung und Vernichtung, und unser Töchterchen war gesund. Wir hatten alles verloren; unsere einzigen Besitztümer waren eine Tüte mit Windeln und die Kleidung, die wir trugen, aber das hat uns nichts ausgemacht. Wir waren in einem freien Land, und das war das einzige, was zählte.

Quelle: „Den Nazis eine schallende Ohrfeige versetzen", a.a.O., S. 187.

Arbeitsaufträge:

1. Erarbeiten Sie aus dem Text des Lesebuches, wie es den Reisners bei der Ankunft in den Vereinigten Staaten erging.

2. Arbeiten Sie mit Ihrem Geschichtsbuch: *Wie ging das NS-Regime mit Gegnern um?*

3. Entwerfen Sie ein Gespräch des Ehepaares Reisner, in dem die beiden über die Frage diskutieren, ob sie nach Deutschland zurückkehren sollen.

4. zu den Materialien 1 und 2: Formulieren Sie anhand der in den Texten enthaltenen Erfahrungen und Ideen, wie Ihrer Meinung nach die Geschichte des Holocaust unterrichtet werden sollte.

Material 1: Interview mit Necla Kelek

Wie Sie vielleicht wissen, bin ich in der Türkei geboren und 1967 mit zehn Jahren nach Deutschland gekommen und inzwischen deutsche Staatsbürgerin. Ich teile diese Biografie mit Tausend Anderen und muss mir die Frage stellen: Bin ich für das, was vor meiner Zeit in Deutschland zwischen 1933 und 1945 geschah, mitverantwortlich? Geht mich das, was vor Jahrzehnten in der Türkei geschah und heute geschieht, noch etwas an? Viele meiner türkischen Landsleute, vor allem die Jüngeren, leben heute in einer Art selbstgewähltem geschichts- und verantwortungslosen Zustand. Die Geschichte und Verhältnisse in der Türkei kennen sie nicht und können sie nicht beeinflussen. Sie wollen sich die ferne Heimat nicht schlechtreden lassen, protestieren in einer Art kollektiven Reflexes, wenn man in dunkle Vorgänge der Geschichte Licht bringen will. Mit der deutschen Geschichte haben sie auch nichts zu tun. Die, die keinen deutschen Pass haben, können nicht wählen, können oder wollen keine Verantwortung übernehmen und sind faktisch Opfer einer Politik, die andere für sie machen. Und so kommt es zu der verbreiteten Haltung: Schuld sind immer die anderen, im Zweifelsfall die Deutschen. Der Migrant ist das Mündel, das abhängig gehalten wird – auch von den eigenen Leuten. Ja, die Opferrolle wird von der türkischen Politik geradezu zelebriert. Es ist ein schlimmer Zustand, auf diese Weise in einer Art geschichtlichen Amnesie zu leben. Viele Migranten und auch die türkische Gesellschaft leben in einer infantilen Gesellschaft, die sich nicht ihrer historischen und gesellschaftlichen Verantwortung stellt und damit zur Generation ohne Geschichte wird.
Für uns in Deutschland lebende Bürger gibt es aber eine Möglichkeit, sich aus dieser Haltung zu befreien: Man hört auf zu jammern. Man nimmt teil, mischt sich ein, wird Staatsbürger dieses Landes. Integration ist Teilhabe an der Gesellschaft und ein Prozess, der auch vom Einwanderer eine Leistung abverlangt. …)

Quelle: Necla Kelek, Die Muslime und der Holocaust Die Muslime und der Holocaust – URL: http://www.welt.de/die-welt/kultur/literatur/article5282583/Die-Muslime-und-der-Holocaust (21.11.2009)

Material 2: Ausschnitte aus einer Klausur (12. Klasse, Leistungskurs Geschichte, 2012), „Die Deutschen und die nationalsozialistische Vergangenheit“

A: „Ich würde davon abraten, in Schulen heutzutage zu sehr an jenem „Hitler als Sündenbock“ festzuhalten, sondern vielmehr die manipulative Kraft des Regimes, auch in seiner Wirkung auf Einzelpersonen deutlich machen.“ …

B: „Außerdem sollte der Blick auch einmal von Deutschland abkommen und die anderen totalitären Regimes der Zeit besprochen werden, aber auch die Handlungen der Alliierten und deren Sichtweisen sollten auf kritische Art und Weise betrachtet werden. Außerdem sollte das Thema [Nationalsozialismus] nicht jedes Schuljahr in irgendeinem Fach immer wieder erneut auftauchen, zwar ist es wichtig, diese Zeit zu behandeln … jedoch kann es nicht Sinn und Zweck sein, ein Thema solange durchzukauen.“

C: „Vielmehr halte ich es für essentiell wichtig, der Rolle des Menschen, der Bevölkerung mehr Beachtung zu schenken, und das aus verschiedenen Gründen. Zum einen glaube ich, dass es gewinnbringender wäre sich mit der Situation der Menschen und den Gründen für die Unterstützung, die sie zu großen Teilen dem Nationalsozialismus gerade am Anfang recht stark entgegenbrachten, zu beschäftigen, um besser zu verstehen, warum man sich diesem totalitären Regime nicht früher widersetzte bzw. es sogar mit offenen Armen empfing … Zu großen Teilen findet das ja bereits in den Schulen statt … und es lassen sich auch nur so Lehren daraus ziehen, wie in der Zukunft ähnliche Entwicklungen und radikale Tendenzen verhindert werden können.

Text: Pfarrer Schnittger	Der Erste Weltkrieg	Projekt
Sek II	Erinnerung an den Ausbruch des Ersten Weltkrieges	

„Es ist heilsam, an den Ersten Weltkrieg zurückzudenken."
(Lesebuch S. 95, Z. 6)

Zum 100. Jahrestag des Kriegsausbruchs

In wenigen Jahren jährt sich der Ausbruch des Ersten Weltkrieges zum 100. Mal. Ein Ereignis, auf das sich Fernsehsender und Verlage mit einer Flut neuer Publikationen vorbereiten.

Was könnte Ihre Schule bzw. Ihr Kurs zu diesem „Jubiläum" beitragen?

1. Recherchieren Sie in einem Museum bzw. einer historischen Ausstellung in Ihrer Nähe zu Ursachen, Verlauf und Ausgang des Ersten Weltkrieges.

Vorschläge: Deutsches Historisches Museum (Berlin)
Haus der Geschichte (Bonn)
Militärhistorisches Museum (Dresden)

2. Entwickeln Sie ein Exposé für ein Ausstellungsprojekt *Erster Weltkrieg.*
Welche Geschichte(n) soll(en) erzählt werden?
Welche Aspekte des Krieges sollen im Vordergrund Ihrer Ausstellung stehen?
Welches historische Material (Bilder, Texte mit Titeln, Exponate etc.) wird benötigt?

Vorschlag für ein Produkt: Leporello; Museumsführer; Wandzeitung für das Foyer Ihrer Schule

3. Recherchieren Sie, wie in der Öffentlichkeit dieses „Jubiläums" gedacht wird. Vergleichen Sie dies mit Ihrem Produkt.

Rudi Nussbaum	Verfolgung und Vernichtung im NS	Projekt 1
Sek I	Rudi Nussbaums Flucht aus Deutschland	Anzahl der Unterrichtsstunden: 3

„Da kommt jemand an die Tür und der sagt: Ich brauche Hilfe“[14]

Rudi Nussbaums Flucht vor den Nationalsozialisten

Die Schülerinnen und Schüler erstellen eine Wandkarte, anhand derer die Fluchtwege Rudi Nussbaums nachvollzogen werden und die durch Tagebucheinträge angereichert wird.

Materialien:	**Zusatzmaterialien**:
Siehe Textauszüge aus dem Lesebuch, Projekt 2	geographische und/oder historische Karten (Wandkarten, Atlas, Internetseiten)

Arbeitsaufträge:

1. Stellt Rudi Nussbaums Fluchtweg quer durch Europa dar. Nutzt dazu geeignete Karten, mit denen ihr diesen Weg auf einem Plakat visualisiert. Lest dazu die Textauszüge und arbeitet heraus, wann Rudi Nussbaum wohin flüchtete.

   a) Wählt aus dem zur Verfügung stehenden Kartenfundus die geeigneten Karten aus bzw. recherchiert selbstständig nach adäquaten Karten (bspw. bei GoogleMaps).

   b) Überlegt euch, wie ihr den Verlauf des Weges am besten illustriert (bspw. Pfeile, Fähnchen, Pinnadeln, Fäden etc.).

14 „Den Nazis eine schallende Ohrfeige versetzen“, a.a.O. S. 242.

2. Sucht euch einen dieser Fluchtorte aus und verfasst einen kurzen Tagebucheintrag, in dem ihr unter anderem die Gründe für den Ortswechsel beschreibt und dabei auch formuliert, was in dieser Situation in euch vorgeht. Arbeitet diesen Eintrag in euer Plakat ein.

3. Welche Aspekte und Personen trugen dazu bei, dass Rudi Nussbaum sich erfolgreich vor den Nationalsozialisten verstecken konnte?

Rudi und Laureen Nussbaum	Thema: Verfolgung und Vernichtung im NS	Projekt 2
Sek I	Biographiearbeit	Anzahl der Unterrichsstunden: 4

Das Leben der Nussbaums – Haben sie überlebt?

Die Schülerinnen und Schüler erstellen als Produkt ein Plakat, auf dem sich mittels eines Flussbildes die Biographie Rudi und Laureen Nussbaums ergibt. Dieses dient als Material für die Präsentation.

Materialien:	**Zusatzmaterialien**:
Lesebuch, siehe beiliegende Textauszüge	Plakatpapier/Plakatrolle, Stifte, Papier

Gruppengröße: 4–5 Schülerinnen und Schüler

Arbeitsaufträge:

Stellt das Leben von Laureen und Rudi Nussbaum von der Geburt bis zum Jahr 1946 **jeweils** als Fluss dar. Fertigt dazu ein Plakat an. So geht ihr vor:

1. Notiert zunächst, welche Elemente den Verlauf eines Flusses prägen und auf welche Lebensphasen und -situationen diese Elemente übertragen werden können (z.B. Quelle, breiter oder enger Flussverlauf, Steine und Inseln, Zuflüsse, Stromschnellen usw.).
2. Lest die Textstellen aufmerksam durch. Ordnet bei einem zweiten Lesegang Stationen der Biographien den von euch festgelegten Elementen (Aufgabe 1) zu.
   ⇒ Geht dabei arbeitsteilig vor, indem ihr das Material aufteilt. Orientiert euch dabei an den Teilüberschriften.
3. Informiert euch gegenseitig über das Gelesene.
4. Kennzeichnet auf dem Material getrennte und gemeinsame Lebensphasen von Laureen und Rudi.
5. Überlegt euch, welche Informationen im Flussverlauf verarbeitet werden sollen und wie dies dargestellt werden kann.
6. Überlegt euch, wie getrennte und gemeinsame Lebensphasen von Laureen und Rudi dargestellt werden können.

⇒ Bereitet euch auf eine Präsentation eures Plakates vor.

Berücksichtigt dabei die übergeordnete Fragestellung in eurer Vorstellung.

Materialien:

Rudi: Geburt 1922 bis zur Ankunft in Amsterdam im Jahr 1938

Ich bin am 21. März 1922 in Fürth, in Bayern, auf die Welt gekommen. Dort haben wir bis 1931 gewohnt. Dann sind wir nach Frankfurt umgezogen. Mein Vater war Apotheker. Er hatte in Frankfurt eine Apotheke gekauft. Wir haben bis Ende 1936, als wir Deutschland verließen, in Frankfurt gelebt. Ich war das einzige Kind meiner Eltern. [...] Als wir 1931 nach Frankfurt kamen, haben mich meine Eltern auf eine jüdische Grundschule geschickt. Ich habe mich mit Händen und Füßen dagegen gewehrt. Aber in der damaligen Zeit hatten die Eltern das Sagen, und so habe ich dieses 4. Grundschuljahr eben ausgesessen. [...]

Als wir 1931 nach Frankfurt kamen, zeichnete sich der politische Wandel für mich bereits sehr deutlich ab. Es gab z.B. immer mehr Aufmärsche der Nazis und sie waren mir von Anfang an zuwider. Ich habe mich auch in meinem ganzen späteren Leben fern gehalten von Massenveranstaltungen, einschließlich sportlicher Großveranstaltungen in Stadien und auf Fußballfeldern. [...] Als dann Hitler 1933 an die Macht kam, dauerte es nicht lange, bis viele meiner Schulkameraden in ihren HJ-Uniformen in die Schule kamen und kurze Zeit später auch viele Lehrer in SA-Uniformen. Auf meiner Schule gab es nur wenige jüdische Schüler. Ich glaube, es waren nur noch zwei andere jüdische Schüler in meiner Klasse. Wir waren bald Opfer von Angriffen der Nazijungen, meist in den Pausen, und haben sehr darunter gelitten. Es kam öfter vor, dass sich eine ganze Rotte von Hitlerjungen auf die jüdischen Schüler stürzte, sie beschimpfte und manchmal auch schlug mit ihren Lederkoppeln. Es waren sehr traumatische Erfahrungen für mich in den Jahren 1934, 1935 und 1936, als wir dann schließlich Deutschland verließen. [...]

1936 war Italien zwar faschistisch, aber den Antisemitismus, der ja Hauptbestandteil der Naziideologie in Deutschland war, den gab es in Italien noch nicht. Das heißt, jüdische Emigranten und auch italienische Juden waren noch keinerlei Beschränkungen unterworfen, weder was die Schule noch die Ausübung eines Berufs betraf. Aber 1938 hatte Hitler Mussolini veranlasst, die gleichen antijüdischen Gesetze in Italien einzuführen. [...]

Die Italiener haben dem zwar Folge geleistet, aber in der Praxis wurden die italienischen Juden kaum verfolgt, wohl aber alle eingewanderten deutschen Juden. Italien war also nicht länger ein Immigrationsland, und meine Eltern mussten sich wieder nach einem anderen Zufluchtsort umsehen. Aus verschiedenen Gründen, hauptsächlich waren es Freundschaften und gute Beziehungen, haben sie sich dann entschlossen, nach Amsterdam zu gehen. Wir kamen im Herbst 1938 in Amsterdam an. Ich war damals 16 Jahre alt.

Zwischen der Ankunft meiner Eltern in Italien Ende 1936 und unserer Übersiedlung nach Amsterdam hat mein Vater nichts verdient. Es war ihm nicht gelungen, in Italien beruflich irgendetwas aufzubauen. Im Gegenteil, meine Eltern hatten noch Geld an eine Mafiabande verloren. Leider war es eine jüdische Mafiabande. Leute, die hilflose Emigranten ausgeplündert haben, die die Sprache des Landes, in das sie geflüchtet waren, nicht beherrschten. Es war für uns eine sehr unsichere, deprimierende Zeit, in der ich fast nichts gelernt habe, außer während der kurzen Zeit einer Lehre in einer Klavierfabrik in Bozen. Wir sind aus Italien weg in der Hoffnung, dass es uns in Holland besser gehen würde.

Laureen: Geburt 1927 bis Umzug nach Amsterdam im Jahr 1936

Meine Familie hat auch in Frankfurt gelebt, wo ich am 3. August 1927 als zweites Kind meiner Eltern geboren wurde. Ich hatte noch zwei Schwestern; Susi, die drei Jahre älter war als ich, und Marion, die jüngste der drei Töchter. Wir haben bis 1936 in Frankfurt gewohnt. Im April 1936 sind wir nach Holland emigriert. Ich war damals noch keine 9 Jahre alt. [...]

Als die Nazis 1933 die Macht in Deutschland übernahmen, war ich fünf Jahre alt. Ich habe die Aufmärsche der SA gesehen und konnte auch sämtliche SA-Lieder singen. Die wurden nicht gesungen sondern gebrüllt und da ich ein sehr gutes Gedächtnis hatte damals, habe ich diese Lieder mehr oder weniger auf der Straße aufgeschnappt. Ich erinnere mich auch, dass ich mit dem Spazierstock meines Vaters in dem langen Korridor unserer Frankfurter Wohnung auf und ab marschiert bin und einige dieser Lieder gesungen habe, was meine Eltern mir natürlich sofort ausgetrieben haben. Ende 1935 mussten wir dann eine jüdische Schule besuchen. Das hatten die Nazis so bestimmt. [...]

Diese Schule war allerdings auf demselben Schulgelände, denn in meiner Grundschule, der Holzhausenschule, gab es so viele jüdische Kinder, dass es sich offenbar gelohnt hat, einen Flügel der Schule abzutrennen, wo die jüdischen Kinder von jüdischen Lehrern unterrichtet wurden. Was mich damals sehr geschmerzt hat, war, dass eine Schulkameradin von mir – die hieß Elfriede – , mit der ich im 1. und 2. Schuljahr immer zur Schule gegangen bin, im 3. Schuljahr, als wir eine jüdische Schule besuchen mussten, nichts mehr von mir wissen wollte. Das hat mich sehr empört und traurig gemacht. Die andere Erinnerung, die sich unauslöschlich in mir festgesetzt hat, waren die Zeitungskästen auf dem Weg zur Schule, die den "Stürmer"[15] zeigten. Und besonders die garstigen Karikaturen im "Stürmer" habe ich schon als Achtjährige ganz bewusst in mir aufgenommen. Die sind mir immer im Gedächtnis geblieben.

Dass wir Deutschland verlassen werden, habe ich wohl gewusst, aber unsere Eltern haben diesen Beschluss nicht mit uns Kindern besprochen. Ich habe einmal gehört, wie meine Mutter mit einer Bekannten darüber gesprochen hat, dass die Zimmer in Holland längst nicht so hoch sind wie die in Frankfurt und dass es fraglich war, ob die große Uhr, die bei uns im Wohnzimmer stand, mit nach Amsterdam gehen konnte. Solche Bemerkungen haben wir mitbekommen als Kinder. Meine Eltern hatten schon 1935 eine Reise nach Amsterdam gemacht und eine Wohnung gefunden, in einem Neubau. Sie wussten also genau, wie viel oder wie wenig Platz wir dort haben würden. Und als der Umzug dann bevorstand, wurden meine Schwestern und ich für eine Woche in ein jüdisches Kinderheim geschickt, damit wir nicht allzu sehr von dem Umzug betroffen sein würden. Meine Eltern sind vorausgefahren und meine Großmutter hat uns später, im April 1936, nach Amsterdam gebracht. Ich war neugierig auf Amsterdam, wie man das mit noch nicht ganz neun Jahren ist. Und ein neues Land, das hat mich einfach interessiert. Das Meer! Wir hatten eine Schulkameradin, die schon einmal in Scheveningen, in Holland, gewesen war, und die hat mir vom Meer vorgeschwärmt. Ich war neugierig und ich kann nicht sagen, dass ich schrecklich traurig war.

Laureen und Rudi: Das Leben in Amsterdam bis zum Überfall der Nazis auf die Niederlande 1936 – Mai 1940

Laureen: Das Leben in Amsterdam hat uns Kindern sehr gut gefallen. Es war wie eine Befreiung, denn plötzlich war man wieder wie alle anderen auch; man konnte überall mitmachen und war nicht

15 Der Stürmer: Antijüdisches Hetzblatt, das 1923 von Julius Streicher gegründet wurde. Im Jahr 1936 hatte es eine Auflage von ca. 600 000 Exemplaren.

mehr geächtet. In Holland war das Leben auch sehr kindbezogen, d.h., Kinder hatten sehr viel Freiheit. Auch die Schule war lockerer. Man musste z. B. nicht aufstehen, wenn die Lehrer einen etwas gefragt haben. Alles war etwas gelassener. Wir konnten auf unseren Rädern herrlich frei herumgondeln und waren Herr über unser eigenes Leben. Das hat uns sehr viel Spaß gemacht. [...] In Holland gab es auch keinen staatlich verordneten Antisemitismus. Die Holländer haben uns Emigranten als Deutsche gesehen und nicht als Juden. Wenn uns jemand nicht mochte, dann war es, weil wir Deutsche und nicht weil wir Juden waren. [...]
Man wohnte also in einer Gegend, wo viele Leute der gleichen gesellschaftlichen Schicht angehörten. Die Eltern fanden sehr schnell Bekannte und wir Kinder hatten zahlreiche Freundinnen, die sowohl aus deutsch-jüdischen als auch aus holländischen Familien stammten. Und im Herbst 1938 sagte jemand in einem Laden zu meiner Mutter: "Haben Sie gehört, dass der Apotheker Nussbaum die Drogerie um die Ecke gepachtet hat?" Meine Mutter ist natürlich gleich hin und hat die Bekanntschaft aus der Westendsynagoge[16] erneuert. Sie hat dabei erfahren, dass Vater Nussbaum und der 16jährige Sohn alleine nach Amsterdam gekommen waren. Die Mutter war noch in England, um zu versuchen, das von der italienischen Mafia entwendete Geld zurückzubekommen, was ihr leider nicht gelungen ist. Und da der Vater Nussbaum im selben Chor in der Westendsynagoge gesungen hat wie meine Mutter, hat sie ihn zu uns eingeladen. Er spielte sehr gut Geige, meine Mutter Klavier, und es stellte sich heraus, dass Rudi auch Klavier spielte, und sehr bald waren die Nussbaums ein fester Bestandteil der Kammermusik, die bei uns zu Hause sehr gepflegt wurde.

Rudi: Mein Vater kannte in Amsterdam einen Apotheker, der ihm helfen wollte, eine berufliche Existenz aufzubauen. Zwar konnte mein Vater in Holland nicht als Apotheker arbeiten, aber er hat eine Drogerie pachten können und besonders unter Emigranten sehr schnell eine neue Kundschaft gefunden. Seine Kenntnisse als Apotheker haben ihm dabei sehr geholfen, denn er konnte seine Kunden, z. B. was Medikamente betraf, sehr gut beraten, und diese mussten nicht immer gleich einen Arzt aufsuchen. Das gab es in anderen Drogerien in Amsterdam natürlich nicht. [...] Im Herbst 1939 habe ich dann den zweijährigen Kurs auf der Schule, die Maschinistenschule hieß, begonnen. [...]
Inzwischen war die politische Lage in Europa immer brenzliger geworden. Mit dem Überfall der Deutschen auf Polen 1939 war klar, dass ein Krieg ausbrechen würde. Aber in Holland, vor allen Dingen unter den deutschen Emigranten, hat man sich damit getröstet, dass Holland im 1. Weltkrieg neutral geblieben war und dass die Deutschen hoffentlich auch dieses Mal die Neutralität Hollands respektieren würden. Wir wissen natürlich, dass dies nicht so war. Anfang Mai 1940 hatten die Deutschen innerhalb von vier Tagen den holländischen militärischen Widerstand besiegt. Das waren fürchterliche Tage. Hunderte, besonders jüdische Emigranten, haben sich nach der Kapitulation der holländischen Truppen das Leben genommen. Wir saßen wieder in der Falle, den Nazis schutzlos ausgeliefert. [...]

Rudi: Das Leben nach dem Überfall Mai 1940 – Juni 1941

Rudi: Anfang 1941 hat sich in Amsterdam ein folgenschwerer Vorfall ereignet. Eine Gruppe holländischer Nazis ist in einen jüdischen Eissalon eingedrungen, hat die Leute attackiert und die

16 Die Westendsynagoge war die Synagoge in Frankfurt/Main, in welche sowohl Laureens Familie, die Familie Klein, als auch die Familie von Rudi, also die Nussbaums, regelmäßig gingen.

haben sich dagegen gewehrt. Es gab einen Aufruhr im jüdischen Viertel von Amsterdam – Amsterdam hatte kein Ghetto, wohl aber eine Gegend, wo sich viele holländische Juden niedergelassen hatten. Die deutsche Besatzung hat als Reaktion eine Razzia veranstaltet und Hunderte jüdischer junger Männer verhaftet und in deutsche Konzentrationslager – hauptsächlich Mauthausen – transportiert. Amsterdam hat darauf mit einem Generalstreik reagiert. Man wollte sich nicht gefallen lassen, dass die deutschen Besatzer *unseren* Juden etwas taten. Die Menschen in dieser konfessionell sehr gemischten Stadt (Protestanten, Katholiken, Juden und solche, die keiner Konfession angehörten) lebten sehr friedlich miteinander und man respektierte sich. *Leben und leben lassen* war die Philosophie in Amsterdam. [...]

Ungefähr einen Monat bevor das Examen in der Maschinistenschule beginnen sollte, am 23. Juni 1941, wurde uns mitgeteilt, dass jüdische Schüler das Examen nicht zusammen mit den nicht-jüdischen Schülern machen konnten. Es war ein Staatsexamen, das nicht von dieser Schule, sondern vom Staat durchgeführt wurde. Auf diese Weise wollte man den jüdischen Schülern den Abschluss unmöglich machen. Glücklicherweise widersetzte sich der Direktor dieser Schule diesem Plan und hat dafür gesorgt, dass wir jüdische Schüler das Examen ablegen konnten, in einem eigenen Raum, weit von den anderen nicht-jüdischen Schülern entfernt. Wie ich später herausgefunden habe, war er Mitglied der holländischen Widerstandsbewegung. Dann wurden am 11. Juni, wieder ganz früh am Morgen, einige Hundert deutsch-jüdische junge Männer verhaftet, von dem Sicherheitsdienst (SD)[17], der wegen der Farbe seiner Uniformen auch *grüne* Polizei genannt wurde, und der holländischen Polizei, die zusammengearbeitet haben. Darunter war mein bester Freund. Das hat mich wahnsinnig mitgenommen, denn diese jungen Männer wurden erst nach Buchenwald und kurz danach in das Folter- und Vernichtungslager Mauthausen verschleppt. Soviel ich weiß, hat kein Einziger überlebt. In der ersten Panik wollte ich das Examen nicht machen, sondern sofort untertauchen. Ich wusste es nicht, aber ich fühlte, dass dies das Ende war, während meine Eltern sich, wie hunderttausend andere Juden auch, daran geklammert haben, dass das doch unmöglich sein musste. Da waren doch die deutsche Kultur und die Werte; das konnte doch nicht sein. In dem Moment habe ich mir gesagt: Ich riskiere alles, das Leben, aber ich lass' mich nicht einfach nach Westerbork[18] oder in die Konzentrationslager schicken. Das nicht! Aber die Prüfung nicht abzulegen, sondern sofort unterzutauchen, hat mir dann doch nicht eingeleuchtet nach all der Arbeit, die ich investiert hatte. Ich habe also das erhebliche Risiko auf mich genommen, bin in die Schule gegangen und habe das Examen gemacht. Am letzten Tag der vierwöchigen schriftlichen und mündlichen Examenszeit hatte ich meine Radtaschen schon gepackt und bin aus Amsterdam herausgefahren, um unterzutauchen. Das war im Juli 1941.

Rudi: Die Zeit des Untertauchens 1941 – Herbst 1943

So kam ich erst im Oktober 1941 zu einer Bauernfamilie, ganz arme Leute, die vielleicht noch nie einen Juden gesehen hatten. Zu diesem Bauern sind meine Mutter und ich gemeinsam gefahren. Und da spielte sich nun ab, worauf es immer wieder ankommt, überall, wo Menschen verfolgt werden: Da kommt jemand an die Tür und der sagt: Ich brauche Hilfe. Kannst Du sie mir geben? So

17 Zusammen mit der Geheimen Staatspolizei (Gestapo) zog der SD ein fast lückenloses Spitzel- und Terrornetz über Deutschland und die im Zweiten Weltkrieg besetzten Länder.

18 Westerbork war eines der beiden zentralen Durchgangslager, in welches die Juden in den Niederlanden vor dem Transport in die Konzentrations- und Vernichtungslager eingesperrt wurden.

haben wir es nicht gesagt, natürlich. Wir haben den Leuten gesagt: Ich suche eine Bleibe. Ich kann auf dem Hof mitarbeiten. Ich kann auch einen kleinen Betrag bezahlen, aber ich bin jüdisch. Sie wissen ja, dass jeder, der einem Juden hilft, sich in Lebensgefahr begibt. Und der Mann und seine Frau, die saßen in einer kleinen Stube, haben sich angeschaut und nach einer kurzen Unterredung gesagt: "Du kannst im Heu schlafen und wo fünf Menschen satt werden können, können es auch sechs Menschen." und haben mich aufgenommen. Das war eine wunderbare Tat. Diese Menschen zeigten eine Humanität und einen Mut, die man nur in sehr wenigen Menschen in dieser Zeit fand und auch heute nur selten findet. [...]
Ich bin bis zum Oktober 1942 in diesem kleinen Ort geblieben, bis plötzlich die Nachricht kam, dass ein neuer Polizeihauptmann in der Gegend war, der als erklärter Nazi galt. Er hatte geholfen, jüdische Untertaucher, die in dieser Gegend bei anderen Bauern Asyl gefunden hatten, zu verraten oder zu verhaften. Und ich fasste wieder innerhalb eines Tages den Entschluss: "Das geht nicht. Ich bin hier zwar jetzt zu Hause, aber ich muss weg." Ich habe dann wieder über einen Freund, einem Lehrer an der Maschinistenschule, von dem ich wusste, dass er kein Nazi war und dass er Juden helfen würde, eine Adresse bekommen, in einem kleinen Dorf in der Nähe von Amsterdam. [...]

Rudi: Die Zeit des Untertauchens Herbst 1943 – Anfang 1944

Im Herbst 1943 habe ich gemerkt, dass ich es einfach nicht mehr aushalten kann, dieses nicht gerade selbst auferlegte, erzwungene Gefängnis, wo man, wenn jemand an der Tür klingelt, in der Position erfrieren, feststehen muss, in der man sich gerade befindet, damit niemand hört, dass da auf der oberen Diele sich jemand bewegt. Ich bin also zu meinem Untertauchvater gegangen und habe gesagt: "Also hör mal. Hör Dich mal um. Ich muss irgendwie raus aus diesem Gefängnis. Es spielt keine Rolle, wie gefährlich es ist, aber gib mir die Möglichkeit, mich mit der holländischen Widerstandsbewegung in Verbindung zu setzen. Ich habe noch etwas Geld, einige Goldstücke, die mir meine Eltern für den Notfall gegeben haben. Ich will anständige Papiere. Ich will aus diesem Gefängnis raus." Dies war der Anfang des Plans, über den holländischen Widerstand aus meinem Gefängnis herauszukommen. Es war sehr schwierig, die holländische Widerstandsbewegung für einen jüdischen Untertaucher zu interessieren, der ja nichts anzubieten hatte, der weder eine militärische Ausbildung noch sonst irgendwelche Erfahrungen hatte. Nach langem Nachdenken hat man doch etwas für mich gefunden, nachdem man mich auf verschiedene Weise getestet hatte, wie ich später erfahren habe. Dieses war eine zugleich aufreibende und aufregende Zeit. Man hat mir eines Tages gesagt, dass ich mit dem Zug von Amsterdam nach Den Haag fahren sollte und dass man mich dort in einem Café treffen würde. Man wollte herausfinden, wie nervös ich sein würde, wie ich mich verhalten würde und ob ich umschalten konnte von einem ängstlichen Untertaucher in einen selbstsicher auftretenden Bürger, der versucht, ein sog. normales Leben zu führen. Anscheinend habe ich diese Probe bestanden, denn man hat mir nach vielen, vielen Wochen des Wartens und wahnsinniger Anspannung endlich Ausweis, Pass und andere Papiere gegeben. Und was waren das für Papiere? Ich sollte die Rolle eines holländischen Agenten spielen, der für die deutsche Sicherheitspolizei mit dem Hauptquartier in Paris zwischen Holland, Deutschland und Frankreich mit kriegswichtigen Aufträgen hin- und herreisen sollte. Ich hatte einen Ausweis mit allen Stempeln von SS-Obersturmbannführern und anderen Nazifunktionären. Er forderte alle deutschen Instanzen auf, mich zu unterstützen, dass ich die und die Verantwortung habe und dass ich das Recht auf Militärverpflegung habe, während ich auf Reisen bin. Ende September 1943 stieg ich dann in einen Militärzug, nachdem ich am Bahnhof von Amsterdam mehrere schwer bewaffnete

Militärposten passiert hatte. Ich bin mit einem strammen Heil Hitler an denen vorbei, ohne sie überhaupt anzuschauen, als ob ich das Recht hätte, da einfach durchzumarschieren. Sie haben sich die Papiere einige Minuten lang angesehen und ließen mich dann passieren. Mein Fluchtplan sah so aus, dass ich nach Südfrankreich fahren sollte, bis an den Fuß der Pyrenäen. Dort hatte ich die Adresse einer Französin, die eine Verbindung zu dem Maquis, der französischen Widerstandsbewegung, herstellen sollte. Diese würde einen Begleiter für mich finden, der dafür sorgen sollte, dass ich heil und unentdeckt über die schwer bewachte Grenze zwischen Frankreich und Spanien gelangen konnte. Es wurde mir gesagt, dass die Spanier mich natürlich verhaften, aber nicht zurückschicken würden. Und wenn ich erst einmal in einem spanischen Gefängnis säße, würde ich die holländische Botschaft erreichen können und die würde mich irgendwie aus dem Gefängnis herausbekommen. Dann wäre der Weg frei nach Portugal und dann von Portugal nach England. Dort könnte ich mich der holländischen Exilarmee anschließen, mich ausbilden lassen und dann den Alliierten helfen. Das war die Geschichte, die man sich für mich ausgedacht hatte und mit der ich natürlich einverstanden war. Es hat sich hinterher herausgestellt, dass ich sozusagen als "Versuchskaninchen" benutzt wurde, um herauszufinden, ob die Papiere und die Stempel wirklich wasserdicht waren, ob man wirklich bis nach Südfrankreich kommen konnte und ob der Maquis dann weiterhelfen würde. Ich habe zwar Südfrankreich erreicht und bin bis nach Tarbes in der Nähe des Wallfahrtsortes Lourdes gekommen, aber die französische Kontaktperson des Maquis hat mich wissen lassen, dass sie mir nicht helfen könne. Es hatte anscheinend wieder neue Fälle von Verrat gegeben. Ich musste also umkehren. Zu versuchen, alleine über die Grenze zu kommen, war zu gefährlich, da meine Französischkenntnisse nicht gut genug waren und ich die lokalen Gegebenheiten nicht kannte. Außerdem war die ganze Gegend voll von Spitzeln, die für die Deutschen gearbeitet haben. Sie haben Leute zu Dutzenden verraten, die auf eigene Faust versucht haben, über die französisch-spanische Grenze zu gelangen, um aus dem besetzten Europa herauszukommen. Ich musste also zurück nach 10 Tagen und bin durch die Hölle gegangen.

Ich kam an die belgisch-deutsche Grenze, wurde dort aus dem Zug geholt und in das Büro der Bahnhofspolizei gebracht. Da war dann der befehlshabende Offizier, und ich hab' erst einmal versucht, einen fürchterlichen Tanz aufzuführen: Das ist ja wohl total verrückt, mich aus dem Zug zu holen. Ich habe morgen in Hamburg ein wichtiges Treffen, das mit der Kriegsmarine zu tun hat, denn es geht um Ersatzteile für U-Boote. Anstatt sich weiter für meine Papiere und deren Echtheit zu interessieren, habe ich ihn dazu gekriegt, dass er sich entschuldigt hat. Ich fragte ihn: Was kann ich tun? Was sind die Alternativen? Na, dann probieren sie es doch einmal bei dem Oberkommando der Wehrmacht in Brüssel; es ist nur eine halbe Stunde bis dorthin.

Also habe ich den Zug nach Brüssel genommen und hab' noch zwei belgische Hitlerjungen aus dem deutschen Militärabteil rausgeschmissen. Ich musste das tun. Das waren eben meine Ressourcen. Ich konnte so preußisch bellen, wie die Nazis damals gebellt haben. Es ist nicht zu beschreiben, wie mir zumute war. Auf der einen Seite sich bewusst zu sein, wer man wirklich war, auf der anderen Seite eine völlig andere Rolle zu spielen und dann umzuschalten. Es war entweder Leben oder Tod. Ich hab' natürlich sehr gehadert mit mir, bin aber dann doch zum Oberkommando der Wehrmacht in Brüssel gegangen und habe den Antrag auf den mir fehlenden Grenzübertrittsschein gestellt. Der zuständige Offizier sagte zu mir, dass ich in einer Stunde wiederkommen solle, weil sie die ganze Sache erst einmal überprüfen müssten. Und diese Stunde war die dramatischste Stunde in meinem 84jährigen Leben! Ich bin dann durch diesen wunderschönen Park in Brüssel gegangen und da waren immer diese zwei Stimmen in mir. Die eine sagte: "Du bist ja verrückt, das kann doch nicht gut gehen." Und die andere Stimme sagte: "Hast du was anderes anzubieten?" Und bin also zurückgegangen und da wurde alles noch viel dramatischer. Ich komme aus dem großen Park raus und da ist eines dieser schönen, großen Regierungsgebäude. Und was stand davor? So ein grüner Überfallwagen! Den kannte ich aus Holland und ich dachte, der wartet auf mich. Aber ich konnte mich jetzt nicht umdrehen, ich musste einfach weiter. Ich bin also reingegangen und habe gefragt: "Haben Sie meinen Ausweis? Haben Sie meine Papiere?" Der Mann hinter dem Schreibtisch sagte: "Einen Moment." Und es dauerte wieder ein paar fürchterliche Minuten, in denen ich natürlich keine Miene verziehen durfte. Und dann kam er mit einem freundlichen Lächeln auf seinem Gesicht zurück und hat gesagt: "Na, das ist alles in Ordnung. Bitte sehr." Da hatte ich den einzigen tatsächlich von der Wehrmacht ausgestellten Grenzübergangsschein. [...]

Rudi: Die Zeit des Untertauchens 1944/45

Laureen: Die ersten sechs Monate nach seiner Rückkehr hat Rudi in einer Holzfabrik in Diemen, nicht weit von Amsterdam gearbeitet. [...] Er kam jedes zweite Wochenende zu uns nach Amsterdam. Er hatte ein Klappbett in unserem Speisezimmer und dort auch ein Versteck gebaut, in einem Wandschrank, sodass er in der Vitrine verschwinden konnte, falls es nachts eine überraschende Razzia geben sollte. [...] Im Frühjahr 1944 stellte sich dann heraus, dass Rudi in der Holzfabrik in Diemen nicht mehr sicher war. Wahrscheinlich hat irgendjemand damit geprahlt, dass er so eine gute Stellung hatte in einer Fabrik, in der bestimmt keine Razzien zu erwarten seien, weil die Fabrik ja für die deutsche Wehrmacht arbeitete. Irgendwie wurde es Rudi dort zu brenzlig und er hat sich dann doch gesagt: "Hier sollte ich nicht mehr bleiben. Es ist viel zu unsicher in der Fabrik." Tatsächlich wurde der Fabrikleiter kurz danach verraten und in ein Konzentrationslager verschleppt. Er hat den Krieg nicht überlebt. Deshalb beschlossen wir, dass Rudi fürs Erste bei uns schläft und früh morgens zur Arbeit radelt. Gleichzeitig sollte an der Verbesserung seiner Papiere gearbeitet werden. Nachdem aber die Nachbarin meiner Großmutter abgeholt worden war und die Gerüchte über die Gefährdung der Mischehen (meine Eltern) nicht verstummten, nahm die Unruhe und Nervosität bei uns allen erheblich zu. Und so beschloss Rudi, die Arbeit in der Holzfabrik aufzugeben und solange es ging, sich bei uns zu verstecken. [...]

Familie Nussbaum nach dem Überfall der Nazis 1940–1945

Rudi: Meine Eltern waren immer noch zu Hause in Amsterdam. Ich hatte nichts für sie tun können auf dem Lande und wollte jetzt unbedingt einen Platz finden für sie in der Umgebung von Amsterdam. Ich habe sie mehrmals besucht und mit ihnen darüber gesprochen. Sie zögerten noch immer, vor allen Dingen mein Vater. Wie er denn leben solle? Beide konnten sich nicht vorstellen, dass sie völlig auf andere Menschen angewiesen sein würden, und sie haben gesagt, dass sie es sich überlegen würden. Es sei wahrscheinlich das Richtige, aber, aber, aber. [...] Schließlich haben sie sich aber doch entschlossen, auch unterzutauchen. Ich habe meinen Vater am 1. November 1942 nach dem Wechsel meines Verstecks von Vierhouten nach Amstelveen, einem Vorort von Amsterdam, in der winterlichen Dunkelheit im Haus eines holländischen Widerstandskämpfers in der Nähe meines Verstecks getroffen. Dieser Mann hatte mir zu meiner neuen Adresse verholfen und hatte nun auch eine Untertauchadresse für meine Eltern besorgt. Ich sprach mit meinem Vater über die Einzelheiten des Verstecks, wann sie abgeholt und wie sie zu ihrer neuen Adresse gebracht werden sollten. Wir haben einen Termin verabredet, den 17. November, an dem ein Mitglied der holländischen Widerstandsbewegung sie abholen und zu dieser sicheren Adresse bringen sollte, nach der Sperrzeit, denn Juden durften nach acht Uhr abends nicht mehr aus dem Haus. [...] An dem Abend, an dem meine Eltern bereit sein sollten, standen die Leute von der Widerstandsorganisation vor versiegelter Tür. Es war **ein Tag zu spät.** Am Abend zuvor waren sie von der deutschen Sicherheitspolizei abgeholt, in das frühere jüdische Theater *Joodse Schouwburg* gebracht, das zeitweise als Sammellager diente, und von dort aus nach Westerbork transportiert worden. [...] Aber zunächst hatten meine Eltern "Glück". In Westerbork wurde mein Vater als Apotheker anerkannt und hat eine Stelle im Krankenhaus des Lagers bekommen, was meinen Eltern eine gewisse Sicherheit gab. [...]

Rudi: Nach meiner Rückkehr nach Holland habe ich die gefälschten Papiere, die ich hatte, auf eine wahnsinnig ironische oder vielleicht zwiespältige Weise dazu benutzt, um meinen Eltern zu helfen. Ich hatte ja Anrecht auf Militärrationen, wenn ich als holländischer Agent für die Deutschen unterwegs war. Ich stieg also am Abend in einen Zug, der in irgendeine kleine holländische Stadt fuhr und habe mich nach Geschäftsschluss bei der jeweiligen deutschen Ortskommandantur gemeldet. In jeder kleinen Stadt hatten die Deutschen so etwas eingerichtet und da musste ich also hin, um die Lebensmittelkarten zu erhalten. Außer einem älteren, schläfrigen Soldaten, den man eingezogen, aber nicht mehr an die Front geschickt hatte, war so spät abends niemand mehr da. Dem habe ich meine Papiere gezeigt, die er sich gemütlich angeschaut hat. Dann hat er mir die mir zustehenden Lebensmittelkarten ausgehändigt und mir auch ein Hotel zwecks Übernachtung angewiesen. Ich bin in das Hotel gegangen, habe dort geschlafen und bin dann am nächsten Tag wieder zurückgefahren. Sobald ich Laureen gesehen habe, habe ich ihr die Lebensmittelkarten gegeben, mit denen die Kleins in ein Geschäft gehen konnten, um Butter, Zucker, Eier und was meine Eltern sonst noch benötigten, zu beziehen. [...]

Rudi: Im Februar 1944 kam dann der fürchterliche Schlag, den wir zwar die ganze Zeit schon befürchtet hatten, der aber nun zur schrecklichen Gewissheit wurde. Die Liste, auf der mein Vater bisher geschützt war, war geplatzt, weil die Zahl der Menschen in Westerbork immer kleiner geworden war. Die Juden, die nicht untergetaucht waren, waren aufgegriffen und in die Vernichtungslager geschickt worden. Somit gab es· immer weniger Patienten in dem Krankenhaus in Westerbork, in dem mein Vater als Apotheker arbeitete. Er war nicht mehr kriegsnotwendig – und meine Eltern wurden nach Theresienstadt abtransportiert. Sie haben einen fürchterlichen Elendsbrief geschrieben, ein oder zwei Tage vor dem verhängnisvollen Dienstag. Jetzt wussten sie, dass es zu Ende war.

Familie Klein nach dem Überfall der Nazis 1940–1945

Laureen: Rudi hat schon den Schrecken dieser ersten Maitage beschrieben. Meine ältere Schwester und ich konnten von einem Fenster im Dachgeschoss aus, wo wir unser Zimmer hatten, die Bomben auf den Flugplatz Schiphol fallen sehen. Aber die ersten Wochen und Monate der Besatzung haben wir noch nicht als schrecklich schmerzhaft empfunden. Im Sommer 1940 waren wir noch einigermaßen frei. Wir hatten noch sehr schöne Sommerferien mit Rudi und seinem Freund Rolf auf einem jüdischen Bauernhof in Garderen, ungefähr 75 km von Amsterdam entfernt. Rudi hat dort viele Leute kennen gelernt, die ihm geholfen haben, als er untergetaucht ist. Wir haben dort eine Art Ferienlager organisiert. Den Heuboden hatten wir zum Schlafen und eine kleine Scheune, wo wir kochen konnten. Wir hatten eine wunderschöne Zeit dort, schon während des Krieges, aber eben noch vor der Zeit, als alles viel schlimmer wurde. [...]

Während Rudi die Prüfung an der Maschinistenschule abgelegt hat, habe ich das zweite Schuljahr auf der Realschule beendet. Es hat sich dann herausgestellt, dass wir nicht mehr zurückdurften auf unsere öffentliche Schule, sondern wieder auf eine jüdische Schule gehen mussten, wie das schon einmal 1935 in Deutschland der Fall gewesen war.[19] Anne Frank hat das Leben in der jüdischen Schule sehr gut beschrieben in ihrem Tagebuch. Wir wurden von Leuten unterrichtet, die alle nicht als Lehrer ausgebildet waren und auch keine Lehrerfahrung hatten. Mein Mathematiklehrer z.B. war Apotheker, der die nötigen mathematischen Kenntnisse hatte. Meine Geschichtslehrerin hatte zwar Geschichte studiert, aber keine Lehrerfahrung, da sie in einem Kunstmuseum gearbeitet hatte. Es waren also Leute, die uns einerseits geholfen haben, indem sie sich als Lehrer zur Verfügung stellten. Auf der anderen Seite hatten sie ihre eigene Karriere wegen der antijüdischen Maßnahmen bereits aufgeben müssen und konnten sich so ihren Lebensunterhalt verdienen. Während des Schuljahres 1941/42 wurden dann immer schärfere Verordnungen von den deutschen Instanzen erlassen. [...]

Im Mai 1942 kam dann die Verordnung, dass wir alle den gelben Stern tragen mussten. Und im Juli nach der Wannseekonferenz[20] gab es dann die ersten Meldebefehle zum Arbeitseinsatz im Osten und die ersten groß angelegten Razzien. [...] Es wurden 7000 solcher Meldebefehle an jüdische Emigrantenfamilien verschickt. Und so bekam Margot Frank ihren Aufruf und meine ältere Schwester Susi auch. Fast alle Jugendlichen in unserem Bekanntenkreis, die über 16 Jahre alt waren, bekamen den Aufruf. [...]

Wie sah das für meine Familie im Sommer 1942 aus? Meine ältere Schwester Susi bekam gleichzeitig mit Margot Frank und 7000 anderen jungen Leuten zwischen 16 und 40 Jahren, glaube ich, den Befehl, sich zum "Arbeitseinsatz" in Deutschland zu melden, wie das hieß. Es war genau angegeben, was man mitbringen durfte, einen Rucksack, eine Decke, Essgeschirr usw. Die Familie Frank hat sich daraufhin versteckt, ist untergetaucht. Aber wie ist es uns gelungen, diesem Totentanz zu entspringen? In Amsterdam, im Jahr 1942, raunte man einander zu, dass es die Möglichkeit einer "Arisierung" gebe, wenn man die Einordnung als Jude erfolgreich bestreiten könne, indem man nicht-jüdische Vorfahren nachweise. Nun gab es in meiner Familie tatsächlich eine nicht-jüdische Großmutter, Kind einer hochmusikalischen katholischen Familie, die zu uns nach Amsterdam gezogen war und gleich um die Ecke wohnte. Sie hatte als junge Sängerin die Zuneigung des jüdischen Kaufmanns Berthold Blumenthal gewonnen und aus dem Liebesverhältnis war meine Mutter hervorgegangen. Da die Mutter des Herrn Blumenthal nicht wollte, dass ihr Sohn eine Nicht-Jüdin heiratet, haben sie ihre Hochzeit aufgeschoben, bis die jüdische Schwiegermutter gestorben war. Zu dieser Zeit war meine Mutter schon 19 Jahre alt. Sie hieß jetzt Marianne Blumenthal, aber aufgewachsen war sie als Marianne Alscher bei einem protestantischen Pflegevater in Dresden. Sie hatte keine leichte Jugend, aber jetzt war dies unsere Rettung. Der von unserer Mutter sehr geliebte jüdische Vater war 1942 bereits 14 Jahre tot. Mit Hilfe eines guten Amsterdamer Anwalts haben wir den protestantischen Pflegevater meiner Mutter, der auch schon gestorben war, zu ihrem leiblichen Vater erklärt und auf diese Weise versucht, ihr auch einen nicht-jüdischen Vater zu "besorgen". Die Witwe dieses Pflegevaters weigerte sich zwar, den notwendigen Meineid zu schwören, aber meine Großmutter und ihre jüngere Schwester leisteten die entsprechenden Eide. Und schließlich gab es ja die Dresdner Schulzeugnisse der Marianne Alscher

19 Der Schulwechsel erfolgte zu Beginn des Schuljahres 1941/42.

20 Auf der Wannseekonferenz wurde von 15 hochrangigen Vertretern des NS-Regimes die systematische Ermordung der europäischen Juden beschlossen. Sie fand am 20. Januar 1942 am Berliner Wannsee statt.

von 1906 bis 1912 und obendrein noch einige Familienfotos, auf denen meine Mutter ihren Pflegebrüdern ähnlich genug sah, um sie für Halbgeschwister zu halten.
Nachdem meine Mutter alle notwendigen Papiere herbeigeschafft hatte, richtete unser Anwalt ein Gesuch an die deutschen Besatzungsbehörden, in dem erklärt wurde, dass meine Mutter wirklich nicht-jüdisch war. Dieses Gesuch ging nach Den Haag, wo sich ein deutscher Jurist, Hans Calmeyer, mit allen unklaren Fällen einer jüdischen oder nicht-jüdischen Abstammung zu befassen und darüber zu entscheiden hatte. Von Hans Calmeyer wussten Eingeweihte, dass er über halbwegs plausible Fälle zugunsten der Antragsteller befand. Wir standen also auf seiner Liste. [...] Endlich, am 21. Januar 1943, erging der lang ersehnte Bescheid aus Den Haag, dass meine Mutter als nicht meldepflichtig, d. h. nicht-jüdisch erklärt wurde. Wir Töchter wurden als Mischlinge I. Grades eingestuft und die Ehe meiner Eltern als privilegierte Mischehe. So konnten wir den gelben Stern ablegen und ein einigermaßen normales Leben führen. Mein Vater musste den Stern weiterhin tragen, aber weil er mit einer Nicht-Jüdin verheiratet war und Vater von halbwüchsigen Kindern, für die er sorgen musste, war auch er zunächst verhältnismäßig sicher. [...]

Rudi: Nachdem meine Stellung in der Holzfabrik in Diemen aufgeflogen war, hat mich die Familie Klein wieder ganz bei sich versteckt. Während ich auf eine neue Untertauchmöglichkeit gewartet habe, habe ich mich so nützlich wie möglich gemacht im Hause Klein, habe überall angepackt, wo Hilfe erwünscht war, und habe mich dabei zum perfekten Hausknecht und Hauslehrer herangebildet. Im Mai kam dann eine neue, uns sehr beunruhigende Nachricht. Laureens Vater sollte sich zur Musterung in Meppel einfinden, zwecks Arbeitseinsatz in Deutschland, und was das bedeutete, war uns allen klar. Die nächsten Tage waren erfüllt von größter Aufregung und Aktivitäten nach allen Seiten. Schließlich konnten die notwendigen Atteste über Herrn Kleins Tuberkuloseerkrankung beschafft werden und es gelang auch, einen guten ärztlichen Berater zu finden. Laureens Mutter ist dann anstelle ihres Mannes, der ja krank zu Bett lag und wohl längere Zeit würde liegen müssen, nach Meppel gefahren und kam mit beruhigenden Nachrichten zurück. Ein Arzt würde ins Haus kommen, um Herrn Klein zu untersuchen. Alles andere war in Ordnung. Vorläufig war die Gefahr vorüber. Ungefähr 3/5 der zur Musterung nach Meppel befohlenen Männer wurden dabehalten und dann nach Deutschland abtransportiert. Im Juni 1944 kam dann die Landung der Alliierten in Frankreich. Das hat uns wieder Hoffnung und Mut gemacht [...]. [...]
Im September *[1944]* waren die Alliierten dann über die Grenze von Frankreich nach Holland vorgedrungen, aber nach dem verlorenen Kampf um Arnheim haben die Deutschen den Weg in den Norden Hollands versperrt, sodass nur der südliche Teil des Landes befreit wurde und der nördliche, in dem wir saßen, noch besetzt blieb. Dann kam ein wahnsinnig kalter Winter, der in Holland der Hungerwinter genannt wurde und über den ist nur zu sagen, dass er ein Elend war.

Laureen: Die ersten Monate des Jahres 1945, der Hungerwinter, war für alle eine furchtbare Zeit. Ich selbst bin zweimal aufs Land gefahren, um Kleidungsstücke gegen Lebensmittel einzutauschen, weil wir wirklich am Verhungern waren.

Nach der Befreiung 1945

Tagebucheintrag von Vater Klein (8. Mai 1945):
Der Krieg in Europa ist zu Ende, die kanadischen Truppen sind hier eingezogen, die Deutschen werden in die Kriegsgefangenschaft abgeführt. Am Freitagabend, d. 4. Mai um 9 Uhr wurde die Kapitulation der gesamten Gefechtsgruppe im Nordwesten, also den Niederlanden u. Dänemark,

Norddeutschland und allen Inseln, bekannt gegeben. Unsere Freude war unbeschreiblich. [...] Am 5. Mai gedrückte Stimmung: General Blaskowitz, der Befehlshaber der Festung Nordholland, verweigerte die Anerkennung der Kapitulation. Erneute Verhandlungen mit dem Erfolg, dass am 6. Mai die Kapitulation auch von ihm anerkannt wurde. [...]
Endlich gestern teilweiser Einmarsch der Kanadier und heute, am 8. Mai, der festliche Einzug der ersten kanadischen Heeresgruppe in Amsterdam. [...] Noch nachzutragen habe ich, dass ich am Freitag, den 4. Mai einen "Judenstern" feierlich im Beisein unserer Freunde verbrannt habe. Diese Verbrennung soll ein Symbol sein. Möge die Welt endlich gelernt haben, dass Antisemitismus vom Feind der Menschheit kommt und dieser unter seinem Antisemitismus nur seine schwarzen, teuflischen, reaktionären Machenschaften verbergen will. [...]

Rudi: Dann, am 23. Juni, trafen Otto Frank und ich auf dem Hauptbahnhof von Amsterdam eine Frau, die Bergen-Belsen überlebt hatte. Von ihr erfuhren wir, dass sowohl meine Mutter als auch Margot und Anne Frank in Bergen-Belsen gestorben waren. Einen Tag später entdeckte ich den Namen meiner Mutter auf einer Liste von noch „Transportfähigen“. Am 28. Juni jedoch bestätigte eine andere Frau, die auch in Bergen-Belsen gewesen war, den Tod meiner Mutter. Das war eine furchtbare Zeit.

Laureen: Von den 110.000 Juden, die aus Holland in die Konzentrations- und Vernichtungslager verschleppt wurden, sind nur 5000 zurückgekommen. Rudis Eltern und auch Margot und Anne Frank waren nicht darunter. Rudis Vater wurde in Auschwitz ermordet. Seine Mutter ist im Mai 1945 in Bergen-Belsen an Erschöpfung und Typhus gestorben, noch nach der Befreiung des Lagers durch die Engländer am 15. April.

Rudi: Nachdem alle Bemühungen gescheitert waren, irgendwo Arbeit und Auskommen zu finden, fasste ich den Entschluss zu studieren und zwar Chemie. [...] Ich musste also im Herbst 1945 noch einmal zur Schule gehen, in die letzte Klasse einer höheren Schule, und all das nachholen, was die Schüler dort in fünf Jahren an Wissen erworben hatten. Zu dieser Zeit hatte ich schon fast neun Jahre keine höhere Schule mehr besucht. Laureen und ihre Schwester haben mir im Eilverfahren einige Basiskenntnisse in holländischer Geschichte und Literatur vermittelt und haben mir auch geholfen, in der Schule mitzukommen. Ich war der älteste Schüler, 23 Jahre, in einer Klasse, in der die meisten Schüler erst 17 waren. Im Juli 1946 hatte ich den Abschluss geschafft und konnte dann an der Universität von Amsterdam ein Studium aufnehmen.

Mussolini
Amsterdam

Text: Laureen und Rudi Nussbaum	Thema: Inneres und äußeres Exil in der Diktatur	Projekt 3
Sek I	Erfahrungen mit Ausgegrenztsein und Exil	Anzahl der Unterrichtsstunden: 2–3

Der Verlust von Identität und Heimat

Vergleich der Erfahrungen Rudi und Laureen Nussbaums mit denen Victor Klemperers

Angaben zu Victor Klemperer (A): Er wird 1881 als Sohn eines Rabbiners geboren. „Ich fühlte mich nicht als Jude, nicht einmal als Deutscher Jude, sondern als Deutscher schlechthin."[21] Trotz der Position seines Vaters spielen jüdische Kultur und Religion in seinem Elternhaus keine besondere Rolle Es enttäuscht ihn, dass er nach einem Studium und einer Habilitation keinen Ruf an eine deutsche Universität erhielt. Am Ersten Weltkrieg nahm er als Kriegsfreiwilliger teil. – Er arbeitet als Romanist an der Technischen Universität Dresden, wird aber 1935 aufgrund seiner jüdischen Herkunft seines Amtes enthoben. Über die Erlebnisse im nationalsozialistischen Alltag führt er genauestens Tagebuch, um sie der Nachwelt[22] zu erhalten.

Angaben zu Laureen Nussbaum (B): Sie kommt als Hannelore Klein am 3. August 1927 in Frankfurt am Main auf die Welt. Wie die Familie ihres späteren Mannes, Rudi Nussbaum, gehören die Kleins zu den liberalen und progressiven jüdischen Kreisen der Stadt. 1936 verlässt die Familie Deutschland und geht ins holländische Exil nach Amsterdam. Während Hannelore Klein und ihre beiden Schwestern sich sehr schnell in Holland einleben, fällt den Eltern die Umstellung schwer. Doch mit der Familie Nussbaum treffen sie alte Bekannte aus der Frankfurter Zeit wieder, und man hilft sich gegenseitig bei dem Aufbau einer neuen Existenz.

Angaben zu Rudi Nussbaum (C): Der am 21. März 1922 in Fürth (Bayern) geborene Rudi Nussbaum verbringt die ersten Lebensjahre in seiner Geburtsstadt. 1931 zieht die Familie nach Frankfurt am Main, wo der Vater im Zentrum der Stadt eine Apotheke eröffnet.
Im Angesicht der unmittelbar nach der Machtergreifung der Nationalsozialisten einsetzenden Diskriminierung und Entrechtung der jüdischen Mitbürger verlässt die Familie Nussbaum 1936 Deutschland, geht zunächst nach Italien und dann, zwei Jahre später, ins holländische Exil nach Amsterdam. Dort begegnen sie mit der Familie Klein alten Bekannten wieder, und man unterstützt sich gegenseitig beim Aufbau einer neuen Existenz.
In den ersten Jahren des holländischen Exils hilft Rudi Nussbaum dem Vater in der Drogerie, die

21 Victor Klemperer, Curriculum Vitae. Erinnerungen eines Philologen 1881–1918. Berlin 1989. Bd. I, S. 248.
22 Victor Klemperer, Ich will Zeugnis ablegen bis zum letzten. Tagebücher 1933–1945. Berlin 1995.

dieser gepachtet hatte. Erst seit 1939 besucht er wieder eine Schule, um sich als Schiffsingenieur ausbilden zu lassen.

Materialien:

A: Victor Klemperer: Auszüge aus Victor Klemperer, „Ich will Zeugnis ablegen bis zum letzten. Tagebücher 1933–1945." Herausgegeben von Walter Nowojski. Berlin 1996[8]. (Q1–4)

B: Laureen Nussbaum: Lesebuch S. 231–234

C: Rudi Nussbaum: Lesebuch S. 227–231

Laureen und Rudi Nussbaum in den USA: Lesebuch S. 295–303

Arbeitsaufträge für alle:

1. Wähle eine der Personen aus (A, B, C), lies die angegebenen Textauszüge und bearbeite die jeweils zugehörigen Fragen 1, 2 und 3.

2. Trage die Ergebnisse deiner Gruppe vor. Erstellt im Anschluss gemeinsam eine Tabelle zu Frage 3.

3. Bearbeitet in eurer Gruppe die Arbeitsaufträge zu „Laureen und Rudi in den USA".

4. Erstellt mithilfe eurer Aufzeichnungen ein Plakat zum Thema „Identität und Heimatverlust", auf dem alle drei Personen dargestellt werden.

Arbeitsaufträge: *Victor Klemperer* (Materialien im Anhang)

Beschreibe, wie sich die Welt für die Juden, die noch in Deutschland lebten, allmählich einengte. Welche Auswirkungen betreffen Victor Klemperer direkt? (Q 1)

Analysiere, wie Klemperer über das Schicksal der Juden berichtet (Q2, Q3) und wie er mit den täglichen Schicksalsmeldungen umgeht. (Q 4)

Nach der Präsentation aller Arbeitsgruppen: Wie geht Victor Klemperer mit seiner Lebenssituation um? Vergleiche dies mit Laureens und Rudis Darstellung. Beziehe dich auf folgende Aspekte:

- inneres und äußeres Exil (in Deutschland, der Schweiz und Holland/in Amsterdam)
- Widerstand (Maßnahmen)
- Existenz- und Lebensbedrohung (durch die Nationalsozialisten)

Arbeitsaufträge: *Laureen Nussbaum* (Lesebuch S. 231–234)

1. Beschreibe, wie Laureen Nussbaum das Leben in Amsterdam wahrnimmt. Unterscheide zwischen ihrer Perspektive als Kind und der ihrer Eltern. Lege dazu eine Tabelle an.
2. Analysiere, wie sie über ihr Schicksal berichtet. Achte dabei besonders auf die Wortwahl und die Ausdrucksweise.
3. Nach der Präsentation aller Arbeitsgruppen: Wie geht Laureen Nussbaum mit ihrer Lebenssituation um? Vergleiche dies mit Victor Klemperers und Rudi Nussbaums

Darstellung. Beziehe dich auf folgende Aspekte:

- inneres und äußeres Exil (in Deutschland, der Schweiz und Holland/in Amsterdam)
- Widerstand (Maßnahmen)
- Existenz- und Lebensbedrohung (durch die Nationalsozialisten)

Arbeitsaufträge: *Rudi Nussbaum* (Lesebuch S. 227–231)

1. Beschreibe, wie Rudi das Leben in Frankfurt und der Schweiz wahrnimmt. Welche Auswirkungen betreffen ihn bzw. seine Eltern direkt? Lege dazu eine Tabelle an.
2. Analysiere, wie er über ihr Schicksal berichtet. Achte dabei besonders auf die Wortwahl und die Ausdrucksweise.
3. Nach der Präsentation aller Arbeitsgruppen: Wie geht Rudi Nussbaum mit seiner Lebenssituation um? Vergleiche dies mit Victor Klemperers und Laureen Nussbaums Darstellung. Beziehe dich auf folgende Aspekte:
   - inneres und äußeres Exil (in Deutschland, der Schweiz und Holland/in Amsterdam)
   - Widerstand (Maßnahmen)
   - Existenz- u. Lebensbedrohung (durch die Nationalsozialisten)

Arbeitsauftrag nach der Präsentation und Bearbeitung von Aufgabe 3:

Laureen und Rudi Nussbaum in den USA (Lesebuch S. 295–303)

1. Bewertet, ob die Nussbaums in den USA schließlich eine neue Heimat gefunden haben. Berücksichtigt dabei auch ihr gesellschaftliches Engagement. (S. 296f.)
2. Analysiert die Veränderung von Rudi Nussbaums „Deutschland-Bild". Welches Ereignis hat dazu maßgeblich beigetragen? (S.301f.)

Materialien (Victor Klemperer)

Q 1: 1942: 2. Juni, Dienstag gegen Abend.

„Neue Verordnungen in judaeos [gegen die Juden]. Der Würger wird immer enger angezogen, die Zermürbung mit immer neuen Schikanen betrieben. Was ist in diesen letzten Jahren alles an Großem und Kleinem zusammengekommen! Und der kleine Nadelstich ist manchmal quälender als der Keulenschlag. Ich stelle einmal die Verordnungen zusammen: 1) Nach acht oder neun Uhr abends zu Hause sein. Kontrolle! 2) Aus dem eigenen Haus vertrieben. 3) Radioverbot, Telefonverbot. 4) Theater-, Kino-, Konzert-, Museumsverbot. 5) Verbot, Zeitschriften zu abonnieren oder zu kaufen. 6) Verbot zu fahren; (dreiphasig: a) Autobusse verboten, nur Vorderperron der Tram erlaubt, b) alles Fahren verboten, außer zur Arbeit, c) auch zur Arbeit zu Fuß, sofern man nicht 7 km entfernt wohnt oder krank ist (aber um ein Krankheitsattest wird schwer gekämpft). Natürlich auch Verbot der Autodroschke. 7) Verbot, ‚Mangelware' zu kaufen. 8) Verbot, Zigarren zu kaufen oder irgendwelche Rauchstoffe. 9) Verbot, Blumen zu kaufen. 10) Entziehung der Milchkarte. 11) Verbot, zum Barbier zu gehen.

12) Jede Art Handwerker nur nach Antrag bei der Gemeinde bestellbar. 13) Zwangsablieferung von Schreibmaschinen, 14) von Pelzen und Wolldecken, *15)* von Fahrrädern — zur Arbeit darf geradelt werden (Sonntagsausflug und Besuch zu Rad verboten), 16) von Liegestühlen, 17) von Hunden, Katzen, Vögeln. 18) Verbot, die Bannmeile Dresdens zu verlassen, 19) den Bahnhof zu betreten, 20) das Ministeriumsufer, die Parks zu betreten, 21) die Bürgerwiese und die Randstraßen des Großen Gartens (Park- und Lennestraße, Karcherallee) zu benutzen. Diese letzte Verschärfung seit gestern erst. Auch das Betreten der Markthallen seit vorgestern verboten. 22) Seit dem 19. September der Judenstern. 23) Verbot, Vorräte an Eßwaren im Hause zu haben. (Gestapo nimmt auch mit, was auf Marken gekauft ist.) 24) Verbot der Leihbibliotheken. 25) Durch den Stern sind uns alle Restaurants verschlossen. Und in den Restaurants bekommt man immer noch etwas zu essen, irgendeinen ‚Stamm', wenn man zu Haus gar nichts mehr hat. Eva sagt, die Restaurants seien übervoll. 26) Keine Kleiderkarte. 27) Keine Fischkarte. 28) Keine Sonderzuteilung wie Kaffee, Schokolade, Obst, Kondensmilch. 29) Die Sondersteuern. 30) Die ständig verengte Freigrenze. Meine zuerst 600, dann 320, jetzt 185 Mark. 31) Einkaufsbeschränkung auf eine Stunde (drei bis vier. Sonnabend zwölf bis eins). Ich glaube, diese 31 Punkte sind alles. Sie sind aber alle zusammen gar nichts gegen die ständige Gefahr der Haussuchung, der Mißhandlung, des Gefängnisses, Konzentrationslagers und gewaltsamen Todes."

Anmerkungen und Erläuterungen:

Zeile 3: Perron – Plattform der Straßenbahn (veralteter Begriff)

Q2: 1942: 8. Mai, Freitagmittag

„Auf dem Wasaplatz zwei grauhaarige Damen, etwa sechzigjährige Lehrerinnen, wie ich sie oft in meinen Vorlesungen und Vorträgen antraf. Sie bleiben stehn, die eine kommt mit ausgestreckter Hand auf mich zu, ich denke: eine alte Hörerin, und lüfte den Hut. Ich kenne sie aber doch nicht, und sie stellt sich auch nicht vor. Sie schüttelt mir nur lächelnd die Hand, sagt: ‚Sie wissen schon, warum!' und geht fort, ehe ich ein Wort finde. Solche Demonstrationen (gefährlich für beide Teile!) sollen des öftern stattfinden. Gegenstück zum neulichen: ‚Warum lebst du noch, du Lump!?' Und dies beides in Deutschland und mitten im 20. Jahrhundert."

Q3: 1943: 30. Januar, Sonnabend spätnachmittag

„Gegen die Juden wird maßlos gehetzt — aber die schlimmsten Maßnahmen gegen sie werden vor den Ariern verheimlicht. Selbst nahestehende Leute kennen weder die kleinen Schikanen noch die grausigen Morde. Frau Eger sagte neulich: ‚Das ist das Schrecklichste für mich, daß die Leute immer sagen: Etwas muß ihr Mann gemacht haben, man tötet doch niemanden ohne Grund!' (Ich kenne etwas noch Schrecklicheres, daß nämlich in solchem Fall auch Juden sagen: ‚Etwas wird er sicher getan haben, den Stern verdeckt oder nach acht auf der Straße gewesen.')"

Q4: 1942: 30. Oktober, Freitagvormittag

„Heute morgen [...] sagt mir Frau Ziegler, sie müsse es mir mitteilen, weil wir doch mit den Leuten befreundet seien, aber ich dürfte sie um Himmelswillen nicht verraten, offiziell sei er ‚krank' — also gestern sei der Vorsteher Hirschel [...] zur Gestapo gerufen worden [...]. Den Grund der Verhaftung kennt man wieder nicht. [...] Bei alledem habe ich selber immer nur das Gefühl der Sensation, der wachsenden Spannung und dazu, stärker, die Beklemmung der Todesangst. Mir vorstellen, was so naheliegt, daß morgen, daß heute ich verhaftet bin, und Eva und ich sind an der Stelle der Hirschels — es ist unausdenkbar gräßlich, mit keiner Erinnerung an Flandern, mit keiner je durchlebten Todesangst zu vergleichen. Und doch vermag ich diese Aufzeichnungen hier nicht zu unterlassen. Tapferkeit? Eitelkeit? Fatalismus? Recht oder unrecht? — Das Seltsamste: All das schüttelt mich immer nur minutenlang: dann schmeckt wieder das Essen, die Lektüre, die Arbeit. [...]"

Anmerkungen und Erläuterungen:

Zeile 3: Gestapo – im NS-Staat Abkürzung für Geheime Staatspolizei, die politische Polizei, die seit 1933 gegen politische Gegner vorging, beispielsweise durch Verhaftungen und Einweisung in Arbeits- und Konzentrationslager.

Zeile 7: Flandern – Klemperer bezieht sich hier auf seine Erfahrungen als Soldat im Ersten Weltkrieg.

Text: Pfarrer Schnittger	Der Erste Weltkrieg	Projekt 4
Sek I	Erinnerung an den Ausbruch des Ersten Weltkrieges	

Zum 100. Jahrestag des Kriegsausbruchs

„Es ist heilsam, an den Ersten Weltkrieg zurückzudenken.“

(Lesebuch S. 95, Z. 6)

In wenigen Jahren jährt sich der Ausbruch des Ersten Weltkrieges zum 100. Mal. Ein Ereignis, auf das sich Fernsehsender und Verlage mit einer Flut neuer Publikationen vorbereiten.

Was könnte eure Schule bzw. eure Klasse zu diesem „Jubiläum“ beitragen?

1. Recherchiert in einem Museum bzw. einer historischen Ausstellung zu Ursachen, Verlauf und Ausgang des Ersten Weltkrieges.

Vorschläge: Deutsches Historisches Museum (Berlin)
Haus der Geschichte (Bonn)
Militärhistorisches Museum (Dresden)

2. Wie erlebt der Schüler Friedrich Schnittger den Ausbruch des Ersten Weltkrieges? (Lesebuch S. 20ff.)
a) Lies den Text aufmerksam und notiere dir im Anschluss erste Gedanken zu dem Gelesenen.
b) Partnerarbeit: Führe ein Interview durch, indem ihr euch ca. fünf Fragen überlegt und als Friedrich Schnittger beantwortet.

3. Partnerarbeit: Entwickelt ein Produkt für ein Ausstellungsprojekt *Erster Weltkrieg*.
- Welche Aspekte des Krieges sollen in eurer Bearbeitung im Vordergrund der Ausstellung stehen?
- Welches historische Material (Bilder, Texte mit Titeln, Exponate etc.) wird benötigt?
- Welche Fragen erscheinen euch heute, 100 Jahre später, wichtig?

Vorschlag für ein Produkt: Leporello; Museumsführer; Wandzeitung für das Foyer der Schule

Konrad Reisner	Thema: Verfolgung und Vernichtung im Nationalsozialismus	Projekt 5
Sek I	Verfolgung von Regimegegnern nach dem Reichstagsbrand	Anzahl der Unterrichtsstunden: 3

„Und dann begann der Nazi-Terror“[23]

Was es bedeutete, ein Nazi-Gegner zu sein (Theaterprojekt)

Die Schülerinnen und Schüler erarbeiten mithilfe der Erinnerungen Konrad Reisners kurze Theaterszenen, in denen sie seine Situation kurz nach der Machtergreifung Hitlers darstellen.

Angaben zu Konrad Reisner: Er wird am 2. Januar 1908 in Breslau geboren, als Sohn eines Anwalts und einer bekannten französischen Konzertpianistin. Breslau gehörte damals noch zu Deutschland, heute ist die Stadt polnisch und heißt Wroclaw. Nach dem Abitur studiert er Jura in Berlin, Genf und Breslau. Ende März 1933, kurz vor seinem 2. Juristischen Staatsexamen muss er aus Deutschland fliehen, denn als engagierter Pazifist und Mitglied der Sozialistischen Arbeiterpartei (SAP) gilt er in den Augen der Nationalsozialisten als Verbrecher und Landesverräter. Er flieht über Prag nach Paris, wo ihn seine französische Großtante, eine Pariser Ärztin, bei sich aufnimmt. Mit dem Tag seiner Ankunft in Paris im April 1933 setzt er seine gegen die Nationalsozialisten gerichtete politische Arbeit im Rahmen der *Französischen Liga für Menschenrechte* fort.

Angaben zur SA: *Sturmabteilungen*; 1920 von ehemaligen Wehrmachtsoffizieren gegründete und nach militärischen Grundsätzen geführte Kampforganisation der NSDAP mit dem Ziel der Massenmobilisierung und Einschüchterung des politischen Gegners durch Terror und Gewalt. Den aktiven Kadern der SA gehörten junge Männer im Alter von 18–39 Jahren an; die über 39jährigen waren in einer besonderen SA-Reserve organisiert. Bis 1925 agierte die SA relativ unabhängig von der Partei mit eigener Führung (Ernst Röhm). Ende 1925 wurde sie neu organisiert und der politischen Organisation der NSDAP mit Hitler als oberstem SA-Führer unterstellt. Die faktische Befehlsgebung lag jedoch beim Stabschef der SA, seit Anfang 1931 erneut Ernst Röhm. Weitere wichtige SA-Führer dieser Zeit waren u.a. Walter Stennes, Graf Helldorf und Edmund Heines. Rivalitäten zwischen der SA und der politischen Organisation der Partei auf der einen und der SA und der Reichswehr auf der anderen Seite führten Ende Juni 1934 zur politischen Ausschaltung der SA. Im Zuge des sog. „Röhm-Putsches“ wurden ca. 200 hohe SA-Führer von Kommandos der SS erschossen.

23 *„Den Nazis eine schallende Ohrfeige versetzen“*, a.a.O. S.127.

Materialien: Textausschnitte S.124–128

Vorschlag für Unterrichtsgang:

Einstieg: - Filmausschnitt aus: „Die weiße Rose“ (Michael Verhoeven, 1982) Verhaftungsszene
- Textauszug (S. 124–128)

Erarbeitung:

Entwerft in eurer Gruppe (ca. 4–5 Schülerinnen und Schüler) eine Szene zu den folgenden Inhalten:

Gruppe 1:
Gespräch der Familie Reisner am Abendbrottisch nach der Lektüre des *Völkischen Beobachter* vom 28. Februar 1933.
Personen: Konrad Reisner, seine Eltern Melitta und Victor Reisner, sein jüngerer Bruder Georg
Textauszug: S. 125

Gruppe 2:
Konrad Reisner versucht, seinen Freund Ernst Eckstein, den Vorsitzenden der SAP in Breslau, zu überreden, auch für einige Zeit unterzutauchen.
Textauszug: S. 125f.

Gruppe 3:
Ankommen in Berlin und Angst vor Verfolgung (Telefonat).
Textauszug: S. 126

Gruppe 4:
Überfall auf das Breslauer Gerichtsgebäude durch die SA.
Textauszug: S. 127

Präsentation:

Die einzelnen Gruppen stellen ihre Ergebnisse dem Plenum vor; die Schülerinnen und Schüler reflektieren die einzelnen Szenen in Form einer kurzen Rezension.

Laureen und Rudi Nussbaum	Verfolgung und Vernichtung im NS	Projekt 6–8
Sek I		Anzahl der Unterrichtsstunden: 4

Wandzeitungsprojekt

Die Schülerinnen und Schüler erstellen eine Wandzeitung zu einem ausgewählten Thema. Diese dient im Anschluss als Grundlage für die Präsentation.

Themenvorschläge:

Hannelore und Rudi als junge jüdische Flüchtlinge im holländischen Exil: Entwicklung der Beziehung vor dem Hintergrund der Verfolgung

Das Leben nach dem Überleben: Laureens und Rudis Verhältnis zu Deutschland

„Stille Helden" – Menschen, die Rudis Leben gerettet haben

Ablaufplan für das Erstellen der Wandzeitung

Einführende Redaktionssitzung (15 Minuten)

Der Chefredakteur einer Zeitung stellt das Thema der „Sonderausgabe" zu Laureen und Rudi Nussbaum vor, skizziert die Zielsetzung und delegiert die verschiedenen Ressorts an die Redaktionsteams.

Recherchezeitraum für die Redakteure (45 Minuten)

Alle Redakteure (ca. 10) sichten das ihnen zur Verfügung gestellte Material (Texte, Bilder, Dokumente) in Einzelarbeit und führen, wenn notwendig, zu einzelnen Aspekten eine weiterführende Recherche durch.

Jeder Redakteur muss am Ende der Recherchezeit dazu in der Lage sein, das bearbeitete Themengebiet den anderen Redakteuren in seinem Ressort vorzustellen. Des Weiteren sollte jeder Redakteur mindestens zwei Alternativvorschläge dazu machen können, in welcher Form er sein Thema in die Zeitung einbringen könnte.

Erste Ressortsitzung (30 Minuten)

Jedes der Ressorts setzt sich in einer eigenen Sitzung zusammen. Die Redakteure stellen sich gegenseitig die erarbeiteten Materialien und ihre Beitragsvorschläge vor.

Im Anschluss wird darüber abgestimmt, welche Beiträge in der Sonderausgabe erscheinen sollen und wie die Struktur und das Layout der Ausgabe aussehen sollen.

Schreib- und Gestaltungsphase (45 Minuten)

Jeder Redakteur schreibt seinen Artikel/ gestaltet seinen Beitrag derart, dass er nur noch auf der Formatvorlage fixiert werden muss. Bei Zeitüberschuss helfen die fertigen Redakteure, den anderen Personen in ihrem Ressort beim Fertigstellen ihrer Produkte.

Zweite Ressortsitzung (20 Minuten)

Alle Ressorts kommen zur Fertigstellung der Sonderausgabe zusammen.

Abschließende Redaktionssitzung (20 Minuten)

Die Mitglieder des Redaktionsteams reflektieren Inhalt und Erstellungsprozess der Sonderausgabe zu Laureen und Rudi Nussbaum in einer gemeinsamen Sitzung.

c) Vorschläge für Präsentationsaufgaben

Vergleiche Else Reisners politische Arbeit mit der Sophie Scholls. *Ist sie eine Widerstandskämpferin?*

Weshalb wurde Carl von Ossietzky nach 1945 von keinem deutschen Gericht rehabilitiert?

Aus welchen Motiven waren Menschen bereit, verfolgten Juden zu helfen? –
Ein Vergleich der Schilderungen Anne Franks und Rudi Nussbaums

Das „Jubiläum“ des Ausbruchs des Ersten Weltkriegs 2014 –
Entwurf eines Erinnerungskonzepts für das 21. Jahrhundert

Calmeyers Listen – Die Rolle Hans Calmeyers in der Rettung von Juden

Die Evangelische Kirche im Widerstand – Erörtern Sie die Rolle der Evangelischen Kirche im Nationalsozialismus am Beispiel Pfarrer Schnittgers und seiner Gemeinde.

d) Klausurvorschläge

Klausurvorschlag Nr. 1

Der Übergang von der Weimarer Republik zum NS-Staat – Ist die NS-Propaganda erfolgreich?

Aufgabenhinweise:

1. Stellen Sie dar, wie sich der politische Alltag zu Beginn der nationalsozialistischen Herrschaft veränderte.
2. Analysieren Sie den Text (Material 1) nach dem Ihnen bekannten Schema der Textanalyse. Erläutern Sie die darin enthaltenen Darstellungen und Äußerungen vor dem Hintergrund Ihres Fachwissens.
3. Reflektieren Sie die Haltung Pfarrer Schnittgers sowie die des Lehrers (Zeile 11ff.) bzgl. der Fragestellung.

Material 1:

Der evangelische Pfarrer Friedrich Schnittger (1902–1992) ist in Thüringen, in der kleinen Gemeinde Neuhaus-Schierschnitz tätig. Er schildert in seinen Erinnerungen die Ereignisse im Jahre 1932, die während des Gottesdienstes am Totensonntag geschahen:

Zwei Monate nach jenem Gottesdienst zur Erneuerung unserer Kirche sammelte sich in ihr wieder eine sehr große Gemeinde. Es war der Totensonntag des Jahres 1932. Aber dieser Gottesdienst gehörte doch schon einer anderen Epoche an. Die Gemeinde kam wie üblich am Totensonntag ins Gotteshaus. Aber dann öffnete sich wieder die Kirchentür, und herein kam ein langer Zug von Männern in Uniform, Mitglieder der NSDAP und der SA. Sie brachten Hakenkreuzfahnen mit und stellten sie vor den Altar. Ich war wohl erfreut über das Erscheinen der Männer in der Kirche, zugleich aber auch erschrocken. Es war mein Grundsatz, die Kirchengemeinde nicht wieder, wie in der Zeit des Vorgängers, durch politische Einseitigkeit zerreißen zu lassen, aber an jenem Totensonntag bat ich die Männer der Partei, die Fahne nicht vor dem Altar aufzustellen. Man kam meiner Bitte nach, allerdings mit Murren. Kennzeichnend war, als ich am Nachmittag auf dem Friedhof einen Lehrer traf, der mich mit den Worten begrüßte: „Herr Pfarrer, heute bin ich nicht in die Kirche gekommen. Ich hatte mich schon fertig gemacht zum Kirchgang, aber dann sah ich, wer dort einmarschierte. Da blieb ich dieses Mal zu Hause, denn ich wollte mir durch den Anblick der ‚Braunen' den Gottesdienst nicht verderben lassen." So dachte er in diesen Tagen nicht allein, sondern es war die Einstellung der meisten Gemeindemitglieder. Dieser Lehrer aber trug schon einige Monate später die gleiche braune Uniform und tat sich als führender Mann hervor, trat aus der Kirche aus, weil die Kirche sich nach seiner Ansicht nicht genügend umgestellt hatte auf die neue Zeit.

Quelle: *„Den Nazis eine schallende Ohrfeige versetzen", a.a.O., S.40.*

Klausurvorschlag Nr. 2

Die Ausschaltung politischer Gegner – eine Stärkung der Staatsmacht?

Arbeitshinweise:

1. Stellen Sie das Prinzip der *Gleichschaltung* anhand einzelner NS-Organisationen dar.
2. Analysieren Sie den Text (Material 1) nach dem Ihnen bekannten Schema der Textanalyse. Erläutern Sie die darin enthaltenen Darstellungen und Äußerungen vor dem Hintergrund Ihres Fachwissens.
3. Erörtern Sie anhand der Geschichte von Else Reisners Vater und Ihrer Ergebnisse der Textanalyse die Klausurfrage.

Else Reisner (geboren 1910) schildert in ihren Erinnerungen, wie es ihrem Vater, einem Metallarbeiter und überzeugten Sozialdemokraten, nach der Machtübernahme durch die Nationalsozialisten erging. Sie selbst wird aufgrund ihrer politischen Arbeit gegen das Regime zeitweilig verhaftet und verlässt 1934 Deutschland.

Material 1:

Für meinen Vater war mit dem Machtantritt der Nazis eine Welt zusammengebrochen. Seine Tochter wurde sieben Monate lang in ein Konzentrationslager gesperrt; zwei Monate lang wusste er nicht, wo sie war. Seinem Sohn wurde kurz vor dem Abschluss seiner Doktorarbeit das Stipendium gestrichen, weil er sich geweigert hatte, Mitglied einer Nazi-Organisation zu werden. Mein Vater selbst wurde zur Leitung der Nazi-Gewerkschaft „Deutsche Arbeitsfront“ in seinem Betrieb bestellt. Er war beliebt bei den Arbeitern und kannte sich mit den Aufgaben eines Arbeitervertreters sehr gut aus. Den Nazis aber fehlte es an solch geschulten Arbeitern, und ein großer Teil der Belegschaft des Betriebes verhielt sich feindlich gegenüber den neuen Machthabern und ihren Handlangern. Hitler hatte ihre Führer verhaften und viele von ihnen ermorden lassen. Es gab bei vielen Arbeitern ein feindliches Schweigen. Auch mein Vater verhielt sich so, als er dem Leiter der lokalen Arbeitsfront gegenüberstand. „Wir haben uns überlegt, ob wir Sie verhaften sollen“, begann das Gespräch. „Aber wir haben Mitleid mit Ihnen wegen Ihres Alters.“ Man brauche gut geschulte Gewerkschaftsleute, um die Arbeiter für den Nationalsozialismus zu gewinnen, und könne ihm eine gut bezahlte Stellung bei der „Deutschen Arbeitsfront“ anbieten. Der Nationalsozialismus sei ein Freund der Arbeiter, die bisher leider von marxistischen Intellektuellen verführt worden seien. … Und das Einzige, was er[24] sagte, langsam und mit schwerfälliger Stimme: „Ich bleibe meiner Fahne treu.“

Am nächsten Tag wurde er fristlos entlassen. Er verwandelte die Blumenbeete in seinem Schrebergarten in Gemüsebeete, er züchtetet Bienen, ging von Haus zu Haus und

24 Hiermit ist Else Reisners Vater gemeint.

verkaufte Pflanzen, Gemüse und Honig. Dann begann Deutschland aufzurüsten. Jeder Arbeiter wurde gebraucht, ob Staatsfeind oder nicht. Mit seinen 63 Jahren begann mein Vater wieder glühendes Eisen zu hämmern für Panzer und Flugzeuge, für Hitler, dessen Untergang er sehnlichst herbeiwünschte.
Quelle: *„Den Nazis eine schallende Ohrfeige versetzen", a.a.O., S. 162f.*

Klausurvorschlag Nr. 3 (Leistungskurs)

Die Deutschen und die nationalsozialistische Vergangenheit – Wozu soll man sich erinnern?

Arbeitshinweise:

1. Stellen Sie anhand ausgewählter Beispiele dar, wie sich die Erinnerung an die NS-Vergangenheit in der Bundesrepublik Deutschland gestaltet. Gehen Sie hierbei auf mindestens ein Gedenkstättenkonzept ein.
2. Analysieren Sie die Aussagen Laureen und Rudi Nussbaums und erörtern Sie diese vor dem Hintergrund Ihrer Schilderungen aus dem ersten Aufgabenhinweis.
3. Beurteilen Sie die Klausurfrage, gehen Sie hierbei auf die Perspektive der Nussbaums und andere Sichtweisen ein. Ihre Beurteilung sollte sich aus Ihren vorherigen Ausführungen ergeben.

Material 1: *Laureen und Rudi Nussbaum mussten Deutschland nach der Machtergreifung der Nationalsozialisten und der daraufhin einsetzenden Diskriminierung und Entrechtung der jüdischen Mitbürger verlassen. Sie finden nach dem Krieg eine neue Heimat in den Vereinigten Staaten. Im Jahre 2006 äußern sie sich in ihren Erinnerungen zu ihrem politischen Engagement in den U.S.A.:*

Rudi Nussbaum: Laureen und ich haben sowohl zu jungen Leuten als auch zu Erwachsenen über die Hitlerzeit gesprochen, und wir haben zum Schluss immer darauf hingewiesen, dass wir leider viele Parallelen sehen zu dem, was heute geschieht und was heute von unseren amerikanischen Mitbürgern unterlassen wird.
Auch heute gibt es wieder eine große Masse, die sich beschwatzen, belügen und betrügen lässt. Und ich befürchte, dass die immer größer werdende Abhängigkeit vom Fernsehen und von Nachrichtensendungen, die nicht analysieren und in die Tiefe gehen, sondern Sentimentalität und Sensation betonen, die Menschen unmündig macht. Und davor warnen wir. Genau das ist in Deutschland in der Hitlerzeit geschehen. Die meisten Deutschen haben sich für Politik nicht interessiert und haben als Zuschauer alles geschehen lassen. Als sie endlich erkannt haben, welche Verbrechen die Nazis begingen, war es zu spät. Vor dieser Gefahr müssen wir warnen.
Laureen Nussbaum: Wir haben in unserer Jugend immer gesagt: „Wie konnten die Deutschen, die doch eine gute Schulbildung hatten, das alles geschehen lassen? Wie konnten sie es zulassen, dass ein Mann wie Hitler in ihrem Land die Macht ergreift? Wie konnten sie alles so brav bejahen, was da geschah? Sie hätten es besser wissen müssen."

Und wir sehen nun mehr oder weniger dasselbe hier in Amerika und das ist eine schreckliche Erfahrung. Wir tun, was wir können, in unseren späteren Jahren, um das zu verhindern. Wir schreiben Leserbriefe, Briefe an die Vertreter im Parlament und in der Regierung in Washington. Wir verteilen Flugblätter und unterstützen Organisationen, die sich für Menschenrechte einsetzen und gegen Krieg, Unrecht, Hunger, Armut und Diskriminierung kämpfen. Aber die Hoffnung, dass wir wirklich etwas ausrichten können, wird leider immer geringer… Was uns tröstet, ist die Tatsache, dass man immer wieder Freunde findet, die auch dasselbe tun wollen, dasselbe suchen, und dass man sich gegenseitig bestärkt in dem, was man tut.

Quelle: „Den Nazis eine schallende Ohrfeige versetzen", a.a.O., S.303f.

3. Literatur (Leseecke)

a) Literaturverzeichnis

I. Allgemeine historiographische Werke und Dokumentationen zur Weimarer Republik und zum Nationalsozialismus

Aly, Götz, *Warum die Deutschen? Warum die Juden? Gleichheit, Neid und Rassenhass 1800–1933.* Frankfurt/Main 2011.

Benz, Wolfgang, *Geschichte des Dritten Reiches*. München 2000.

Bracher, Karl Dietrich, *Die Auflösung der Weimarer Republik*. Stuttgart/Düsseldorf 1957.

Bracher, Karl Dietrich, Wolfgang Sauer, Gerhard Schulz, *Die nationalsozialistische Machtergreifung. Studien zur Errichtung des totalitären Herrschaftssystems in Deutschland 1933/34.* Köln/Opladen 1960.

Conze, Werner (Hg.), *Der Nationalsozialismus*. Teil 1 und 2. 6. Aufl. Stuttgart 1980.

Frei, Norbert, *Der Führerstaat.* 7. Aufl. München 2006.

Hofer, Walter (Hg.), *Der Nationalsozialismus. Dokumente 1933–1945*. 49. Aufl. Frankfurt/Main 2004.

Kaden, Helma, Ludwig Nestler (Hg.), *Dokumente des Verbrechens. Aus den Akten des Dritten Reiches.* Berlin 1993.

Kershaw, Ian, *Hitler.* 2 Bde. Stuttgart1989/2000.

Kogon, Eugen, *Der SS-Staat. Das System der deutschen Konzentrationslager.* 36. Aufl. München 1998.

Kühnl, Reinhard, *Der deutsche Faschismus in Quellen und Dokumenten*. Wiesbaden 2000.

Müller, Ingo, *Die furchtbaren Juristen*. München 1987.

Turner, Henry A., *Hitlers Weg zur Macht.* München 1996.

II. Weimarer Republik: Arbeiterbewegung, Frieden und Abrüstung

Drechsler, Hanno, *Die Sozialistische Arbeiterpartei Deutschlands (SAPD). Ein Beitrag zur Geschichte der deutschen Arbeiterbewegung am Ende der Weimarer Republik.* Meisenheim/Glan 1965.

Grebing, Helga, *Geschichte der deutschen Arbeiterbewegung*. 7. Aufl. München 1976.

Greis, Friedhelm, Stefanie Oswalt (Hg.), *Aus Teutschland Deutschland machen. Ein politisches Lesebuch zur „Weltbühne"*. Berlin 2008.

Haffner, Sebastian, *Geschichte eines Deutschen. Die Erinnerungen 1914–1933.* 6. Aufl. München 2001.

Holl, Karl, *Pazifismus in Deutschland.* Frankfurt 1988.

Kraiker, Gerhard, Elke Suhr, *Carl von Ossietzky.* Reinbek 1994.

Reinhardt, Stephan (Hg.), *Lesebuch zur Weimarer Republik. Deutsche Schriftsteller und ihr Staat 1918–1933.* Berlin 1982.

Scheer, Friedrich-Karl, *Die Deutsche Friedensgesellschaft (1892–1933). Organisation, Ideologie, politische Ziele.* Frankfurt/Main 1981.

von Soldenhoff, Richard, (Hg.), *Carl von Ossietzky. Ein Lebensbild.* Berlin 1988.

Sontheimer, Kurt, *Antidemokratisches Denken in der Weimarer Republik.* München 1978.

Die Weltbühne. Vollständiger Nachdruck der Jahre 1918–1933. Königstein/Taunus 1978.

III. Nationalsozialismus: Kirchenkampf und Widerstand

Beckmann, Joachim (Hg.), *Kirchliches Jahrbuch für die evangelische Kirche in Deutschland 1933–1944.* Gütersloh 1976.

Bethge, Eberhard, *Dietrich Bonhoeffer.* München 1962.

Böhm, Susanne, *Deutsche Christen in der Thüringer evangelischen Kirche (1927–1945).* Leipzig 2008.

Brandt, Willy, *Die Nobelpreiskampagne für Carl von Ossietzky.* Oldenburger Universitätsreden 1988.

Meier, Kurt, *Kreuz und Hakenkreuz. Die evangelische Kirche im Dritten Reich.* München 2001.

Saint Sauveur-Henn, Anne (Hg.), *Fluchtziel Paris. Die deutschsprachige Emigration 1933–1940.* Berlin 2002.

Schlingensiepen, Ferdinand, *Dietrich Bonhoeffer 1906–1945. Eine Biographie.* Hamburg 2006.

Schneider, Michael, *Unterm Hakenkreuz. Arbeiter und Arbeiterbewegung 1933–1939.* Bonn 1990.

Steinbach, Peter, Johannes Tuchel (Hg.), *Widerstand in Deutschland. Ein historisches Lesebuch.* 3. Aufl. München 2000.

Ueberschär, Gerd R., *Für ein anderes Deutschland. Der Widerstand gegen den NS-Staat 1933–1945.* 2. Aufl. Frankfurt/Main 2006.

DIE ZEIT, *Der deutsche Widerstand gegen Hitler.* Geschichte 4/09 Hamburg 2009.

IV. Der Zweite Weltkrieg: Frankreich und die Niederlande 1940–1945, Holocaust

Frank, Anne, *Die Tagebücher der Anne Frank.* Frankfurt/Main 1988.

Lustiger, Arnold, *Rettungswiderstand. Über die Judenretter in Europa während der NS-Zeit.* Göttingen 2011.

Mommsen, Hans, *Auschwitz, 17. Juli 1942. Der Weg zur „Endlösung der Judenfrage“.* München 2002.

Nestler, Ludwig (Hg.), *Die faschistische Okkupationspolitik in Frankreich (1940–1944). Die faschistische Okkupationspolitik in Belgien, Luxemburg und den Niederlanden (1940–1945).* Bd. 2 und 3 der Dokumentationsedition *Europa unterm Hakenkreuz.* Berlin 1990.

Niebaum, Peter, *Hans Calmeyer – ein „anderer Deutscher“ im 20. Jahrhundert.* Berlin 2011.

van Liempt, Ad, *Kopfgeld. Bezahlte Denunziation von Juden in den besetzten Niederlanden.* München 2005.

b) Unterrichtsbeispiele zum Nationalsozialismus

Brinkmann, Annette u.a. (Hg.), *Lernen aus der Geschichte. Projekte zu Nationalsozialismus und Holocaust in Schule und Jugendarbeit*. Bonn 2000.

Hagemann, Ulrich, Kayser, Jörg, Scheller, Henrik (Hg.), *Unterrichtsbeispiele zu den Verbrechen des Nationalsozialismus. Ausgewählte Prinzipien des Lehrens und Lernens*. Berlin 2005.

Rox-Helmer, Monika, *Die Tagebücher Victor Klemperers*. In: Geschichte lernen Heft 69 (1999), S. 23ff.

c) Nationalsozialismus und Holocaust in der Fachdidaktik

Sommer, Wilhelm, *Die Deutschen und der Holocaust* (Basisartikel). In: Geschichte lernen Heft 69 (1999), S.14ff.

d) Monographien

Lindwer, Willy, *Anne Frank.* 8.Aufl. Frankfurt/Main 2000.

Niebaum, Peter , *Hans Calmeyer – „ein anderer Deutscher" im 20. Jahrhundert*. Berlin 2011.

Niebaum, Peter *Ein Gerechter unter den Völkern. Hans Calmeyer in seiner Zeit (1903–1972).* Bramsche 2003.

e) Berichte über das Überleben

Frank, Anne, *Die Tagebücher der Anne Frank.* Frankfurt/M. 1988.

Frister Roman, *Die Mütze oder der Preis des Lebens.* Berlin 1997.

Ganor, Solly, *Das andere Leben : Kindheit im Holocaust.* Frankfurt/Main 1997.

Invanji, Ivan, *Buchstaben von Feuer.* Wien 2011.

Klüger, Ruth, *weiter leben. Eine Jugend.* Göttingen 1992.

Roth, Harald, *Victor Klemperer. Das Tagebuch 1933–1945.* Eine Auswahl für junge Leser. Berlin 1997.

Vinke, Herman, *Das kurze Leben der Sophie Scholl.* 11. Aufl. Ravensburg 2006.

f) Erinnerungsstätten

Gedenkstätte Deutscher Widerstand: www.gdw-berlin.de

Gedenkstätte Stille Helden (Berlin): www.gedenkstaette-stille-helden.de

Militärhistorisches Museum (Dresden): http://www.mhmbw.de

Anne Frank Haus (Amsterdam): www.annefrank.nl

Projekt der Stolpersteine: www.stolpersteine.com

4. Glossar

Addams, Jane:
(1860–1935), amerikanische Soziologin und Friedensaktivistin; Wegbereiterin der Sozialen Arbeit in den U.S.A. und Mitbegründerin der *Women's International League for Peace and Freedom*; 1931 mit dem Friedensnobelpreis ausgezeichnet.

Amstelveen (Diemen, Zwanenburg):
Orte in der Nähe von Amsterdam, in denen Rudi Nussbaum von 1942–1944 untergetaucht war.

Augustinus:
(354–430), in Numidien geborener und 387 zum Christentum bekehrter Bischof und Kirchenlehrer, dessen Schriften von großem Einfluss auf die abendländische Theologie und Philosophie waren. In seinem Werk *De Civitate Dei* (*Über den Gottesstaat*) entwickelte Augustinus die für Jahrhunderte gültige Unterscheidung zwischen Gottesstaat und irdischem Staat und die These von der Kirche als dem wahren Staat Gottes auf Erden, zu deren Schutz die weltliche Macht aufgerufen ist.

Barth, Karl:
(1886–1968), schweizerischer reformierter Theologe; religiöser Sozialist und Mitbegründer der Dialektischen Theologie; Lehrtätigkeit an den Universitäten Göttingen, Münster und Bonn; Mitglied der Bekennenden Kirche; formulierte in der „Barmer Theologischen Erklärung" 1934 die theologische Basis des Widerstandes gegen die deutsch-christliche Glaubenslehre. Karl Barth kehrte nach dem Entzug der Lehrbefugnis 1935 in die Schweiz zurück.

Bekennende Kirche:
1934 auf der 1. Barmer Bekenntnissynode entstandene Opposition innerhalb der evangelischen Kirche, die gegen die Vereinnahmung des christlichen Glaubens durch die nationalsozialistische Ideologie und die Macht- und Gleichschaltungspolitik der Deutschen Christen Widerstand leistete.

Deutsche Christen (DC):
Strömung innerhalb der evangelischen Kirche, die die Idee einer Synthese von Nationalsozialismus und Christentum und einer national und völkisch geprägten deutschen Reichskirche vertrat.

Deutsche Friedensgesellschaft (DFG):
1892 von Vertretern des linksliberalen Bürgertums gegründete Organisation mit dem Ziel der Friedenssicherung, allgemeinen Abrüstung und Konzentration der pazifistischen Kräfte in Deutschland.

Deutsche Liga für Menschenrechte (DLM):
1914 als Bund Neues Vaterland (BNV) gegründet und 1922 in Deutsche Liga für Menschenrechte umbenannt. In der Satzung von 1918/19 wurden Völkerversöhnung und Abschaffung der bewaffneten Gewalt als Mittel der politischen Auseinandersetzung der Völker, der Kampf für Menschenrechte und soziale Gerechtigkeit und die Schaffung einer deutschen sozialistischen Republik als wichtigste Ziele genannt.

DFG und **DLM**: s. *„Den Nazis eine schallende Ohrfeige versetzen"*, S. 210–218

drôle-de-guerre:
Sitzkrieg; Phase der militärischen Defensive im 2. Weltkrieg zwischen dem deutschen Überfall auf Polen im September 1939 und dem Beginn der deutschen Offensive zur militärischen Niederwerfung der Westmächte im Frühjahr 1940.

Food Bank:
1967 in den U.S.A. gegründete gemeinnützige Organisation, die Lebensmittelspenden sammelt und an Bedürftige verteilt.

Jüdischer Ausschuss:
Von der deutschen SS-Lagerleitung im holländischen Konzentrationslager Westerbork eingerichteter Ausschuss, der jede Woche eine Liste von bis zu 1000 Häftlingen vorlegen musste, die mit dem nächsten Zug in die deutschen Konzentrations- und Vernichtungslager abtransportiert wurden.

Jüdischer Rat (Joodse Raad):
Von dem deutschen Besatzungsregime in den Niederlanden im Februar 1941 geschaffenes zentrales jüdisches Organ, das für die Durchsetzung der Verordnungen zur Entrechtung, Enteignung und Isolation der jüdischen Bevölkerung des Landes verantwortlich war.

Jüdisches Wochenblatt (Joodse Weekblad):
Informationsorgan des Jüdischen Rates, das wöchentlich die neuen antijüdischen Maßnahmen und Verordnungen der deutschen Besatzer veröffentlichen musste.

Jungsozialisten (Jusos):
1919 entstandene Organisation innerhalb der Sozialdemokratischen Partei Deutschlands (SPD) für 18–25jährige Parteimitglieder; die Jusos waren seit 1925 dem linken, marxistisch orientierten Flügel der SPD verbunden.

Kasualien:
Kirchliche Amtshandlungen wie z.B. Abendmahl, Taufe, Konfirmation.

Kirchenkampf:
s. *„Den Nazis eine schallende Ohrfeige versetzen“*, S. 96–105

Landeskirche:
Gliedkirche der föderativ aufgebauten deutschen evangelischen Kirche. Nach dem Ende des Landesherrlichen Kirchenregiments 1919 schlossen sich 28 selbstständige unierte, lutherische und reformierte Landeskirchen 1922 zum Deutschen Evangelischen Kirchenbund (DEK) zusammen.

Landeskirche Thüringen:
Zusammenschluss verschiedener Territorialkirchen zur Evangelischen Landeskirche Thüringen im Jahr 1920; in der Kirchenverfassung von 1924 verankertes parlamentarisch-synodales Profil; nach den Kirchenwahlen im Juli 1933 Gleichschaltung des Landeskirchentages durch seine deutschchristliche Mehrheit; Übernahme des „Arierparagraphen“ und 1941 Ausschluss der jüdischen Kirchenmitglieder; Hochburg der *Deutschen Christen.*
Kirchliche Körperschaften: Gemeindeebene: Kirchenvertretung und Kirchenvorstand; Kreisebene: Kreiskirchentag und Kreiskirchenrat; Landesebene: Landeskirchentag und Landeskirchenrat.
Kirchenwahlen: Die Zusammensetzung der Kirchenvertretungen auf Gemeinde-, Kirchenkreis- und Landeskirchenebene wurde entlang kirchenpolitischer Richtungen durch demokratische Wahlen bestimmt.
Landeskirchenrat: Kirchenregierung bestehend aus Landesoberpfarrer (seit 1933 Landesbischof) und acht haupt- und nebenamtlichen geistlichen und weltlichen Kirchenräten.

Landwacht:
Nach der Besetzung der Niederlande durch deutsche Truppen im Mai 1940 von der deutschen SS in Zusammenarbeit mit dem Führer der holländischen Nationalsozialisten Anton Mussert aufgestellte Freiwilligenverbände unter dem Kommando der SS; 1943 in „Landsturm Niederlande“ umbenannt und der Waffen-SS unterstellt; seit 1944 auch im Krieg eingesetzt. Als Bereitschafts- und

Hilfspolizei waren Landwacht und Landsturm an den Verbrechen der deutschen Besatzungsmacht maßgeblich beteiligt.

Litten, Hans:
(1903–1938), Berliner Rechtsanwalt; Kritiker der rechtslastigen Justiz der Weimarer Republik; verteidigte kommunistische Arbeiter gegen die nationalsozialistischen Gewaltexzesse im Kontext des Straßenkampfes zwischen Kommunisten und der SA in Berlin; in der Nacht des Reichstagsbrandes verhaftet und in den Konzentrationslagern Sonnenburg, Esterwegen, Buchenwald und Dachau besonders schwer misshandelt. Hans Litten wurde in der Nacht vom 4. auf den 5. Februar 1938 erhängt in einer Latrine des Konzentrationslagers Dachau aufgefunden.

Lutherische Bekenntnisgemeinschaft Thüringen:
Im Juni 1934 in Weimar erfolgter Zusammenschluss bekennender evangelischer Geistlicher und Laien; aktive Beteiligung am Kampf gegen die Gewaltherrschaft der Deutschen Christen in Thüringen.

Meldebefehl:
Am 5. Juli 1942 versandte Aufforderung an 4000 im besetzten Holland lebende Juden, sich zum „Arbeitseinsatz im Osten" am Amsterdamer Hauptbahnhof einzufinden.

Moe II:
Kosename für Laureen Nussbaums Mutter Marianne Klein.

Mühsam, Erich:
(1878–1934), revolutionärer Autor und Publizist; als Initiator der Münchner Räterepublik 1919 zu 15 Jahren Festungshaft verurteilt und 1924 amnestiert; Kampf gegen Militarismus und Klassenjustiz u.a. als Herausgeber der anarchistischen Zeitschrift *Fanal.* Erich Mühsam wurde nach 16monatiger „Schutzhaft" im Konzentrationslager Oranienburg von der SS ermordet.

Oberpfarrer (Superintendent):
Leitender, mit Aufgaben der Kirchenaufsicht betrauter Amtsträger eines Kirchenkreises.

Pater Oidtmann:
Schweizer Jesuitenpater, der dem 14jährigen Rudi Nussbaum im italienischen Exil die Adresse einer Lehrerfamilie vermittelte, bei der er für einige Monate wohnen und Italienisch lernen konnte.

Reichskommissariat:
Ziviles deutsches Besatzungsregime, das die besetzten Niederlande seit Mai 1940 per Dekret regierte.

Schloss Tinz:
1919 gegründete Heimvolkshochschule bei Gera (Thüringen) zur Förderung der Bildungsarbeit innerhalb der jungsozialistischen Bewegung.

Service Juridique et Social pour les Réfugiés Allemands:
Von Mitgliedern des deutschen pazifistischen Exils in Paris geleitetes Komitee der Französischen Liga für Menschenrechte zur Unterstützung deutscher politischer Flüchtlinge in Frankreich.

Sozialistische Arbeiterpartei Deutschlands (SAPD):
1931 auf der Reichskonferenz oppositioneller Sozialdemokraten in Berlin gegründete Splitterpartei, die versuchte, einen dritten Weg zwischen traditioneller Sozialdemokratie und stalinistischem Kommunismus zu finden.

Sozialistische Arbeiterjugend (SAJ):
1922 erfolgter Zusammenschluss der Jugendverbände der SPD und USPD; der SAJ gehörten 14–18jährige (später bis 20-jährige) Jugendliche an.

Sozialistischer Jugendverband Deutschlands (SJVD):
Aus dem linken Flügel der SAJ hervorgegangene Jugendorganisation der SAPD.
Beide Jugendorganisationen, SAJ und SJVD, waren aktiv am Kampf gegen das NS-Regime beteiligt.

Sperrstempel:
Vorläufige Freistellung von Verhaftung und Transport in das holländische Konzentrations- und Durchgangslager Westerbork. „Gesperrt“ waren solche Gruppen jüdischer Bürger, die vom Jüdischen Rat als für die Verwaltung des jüdischen Lebens „unentbehrlich“ erklärt wurden. In Westerbork bestimmte der Jüdische Ausschuss, wer für die Verwaltung des Lagers „unentbehrlich“ und somit von der Deportation in die deutschen Konzentrations- und Vernichtungslager zunächst zurückgestellt war.

Synode:
Kirchentag auf Kreis- und Landesebene.

Tillich, Paul:
(1886–1965), evangelischer Theologe und Philosoph; führendes Mitglied der Religiösen Sozialisten; Lehrtätigkeit an den Universitäten Marburg, Dresden und Frankfurt/Main; als Gegner des Nationalsozialismus 1933 aus dem Staatsdienst entlassen und in die U.S.A. emigriert.

Vikar:
Pfarramtskandidat zwischen dem 1. und 2. Theologischen Examen.

Westerbork:
Konzentrations- und Durchgangslager im Norden Hollands. Von Westerbork aus wurden von Mitte Juli 1942 bis Anfang September 1944 etwa 110.000 in Holland lebende Juden in die deutschen Konzentrations- und Vernichtungslager deportiert; nur ca. 5000 haben den Holocaust überlebt.

Women's International League for Peace and Freedom (WILPF):
Älteste internationale Friedensorganisation von Frauen mit heute 43 nationalen Sektionen (BRD: Internationale Frauenliga für Frieden und Freiheit/IFFF mit Sitz in Berlin); 1915 auf der Friedenskonferenz in Den Haag von Aletta Jacobs (Holland), Jane Addams (U.S.A.), Lida Gustava Heinemann (Deutschland) u.a. als „Internationaler Frauenausschuss für dauernden Frieden“ gegründet und 1919 in „Women's International League for Peace and Freedom“ umbenannt; erste Präsidentin wurde Jane Addams.

5. Abkürzungen

BNV	Bund Neues Vaterland
DC	Deutsche Christen
DFG	Deutsche Friedensgesellschaft
DLM	Deutsche Liga für Menschenrechte
Gestapo	Geheime Staatspolizei
GPU	russisch: „Staatliche politische Verwaltung“
HJ	Hitlerjugend
Jusos	Jungsozialisten
KPD	Kommunistische Partei Deutschlands
LDP	Liberaldemokratische Partei
LKR	Landeskirchenrat
NAP	Norwegische Arbeiterpartei
NS	Nationalsozialismus, nationalsozialistisch
NSDAP	Nationalsozialistische Deutsche Arbeiterpartei
NSBO	Nationalsozialistische Betriebszellenorganisation
NSB	National-Socialistische Beweging in Nederland (nationalsozialistische Partei in den Niederlanden)
SA	Sturmabteilung (der NSDAP)
SAPD	Sozialistische Arbeiterpartei Deutschlands
SAJ	Sozialistische Arbeiterjugend
SD	Sicherheitsdienst (der SS)
SS	Schutzstaffel (der NSDAP)
UNESCO	United Nations Educational, Scientific and Cultural Organization